Barbara Mercier

Die richtige Ernährung bei Arthrose, Rheuma und Gicht

Über 100 schmackhafte Kochrezepte
für spürbar mehr Lebensqualität

Rainer Bloch Verlag

Dringende Empfehlung: Lassen Sie sich vor jeder Unternehmung /Handlung von einem fachlich qualifizierten Arzt, Facharzt und/oder Heilpraktiker beraten. Arbeiten Sie auch im Ausland nur mit dort zugelassenen und praktizierenden Fachkräften wie Ärzten und geprüften Heilpraktikern mit entsprechenden Referenzen. Investieren Sie lieber etwas mehr Geld in eine ordentliche Behandlung. Wir empfehlen grundsätzlich bei allen gesundheitlichen Problemen die Konsultation eines Arztes. Begeben Sie sich in medizinische Behandlung und lassen Sie sich von erfahrenen Ärzten helfen. Alle Texte in dieser Publikation dienen nur der Information. Sie sollten nicht als Handlungsempfehlung verstanden werden. Nur fachlich qualifizierte Kräfte können Ihre Situation bzw. Ihren Gesundheitszustand korrekt einschätzen bzw. beurteilen und geeignete Empfehlungen aussprechen.

Zur freundlichen Beachtung:

Die richtige Ernährung bei Arthrose, Rheuma und Gicht

Über 100 schmackhafte Kochrezepte für spürbar mehr Lebensqualität

Barbara Mercier

ISBN 978-3-942179-53-9
Rainer Bloch Verlag
1. Auflage, 28.10. 2019
Paperback DIN-A5

Druck: SOL-Service GmbH, Westendstraße 5, 86529 Schrobenhausen

Impressum:

Rainer Bloch Verlag, Schwetzinger Str. 4, D - 69469 Weinheim,
Webseite: www.Bloch-Verlag.de, buch@bloch-verlag.de

Inhaltsverzeichnis

Vorwort

Die Knie wollen nicht mehr richtig? Sie spüren in den Hüften „Reibungspunkte", oder fühlen sich morgens steif und brauchen erst eine Weile, bis sie überhaupt in Gang kommen?

Arthrose ist ohne Zweifel eine der Plagen, die uns irgendwann alle trifft. Die Einen haben früher damit zu tun. Andere erkranken erst im hohen Alter. Ein paar Glückliche bleiben komplett verschont, weil sie sich über lange Zeit bewusst oder unbewusst richtig verhalten haben.

Wenn die Knorpel zwischen den Gelenken noch gut funktionieren, besteht kein Grund zur Sorge. Sollten sich jedoch erste Abnutzungserscheinungen zeigen, ist es an der Zeit etwas zu tun. Vorausschauende Menschen passen ihr Ernährungsverhalten schon in jungen Jahren an und profitieren dann von vielen beschwerdefreien Jahren. Je früher, desto besser! Das lohnt ich auf jeden Fall, denn die Krankheit ist neben den Bewegungseinschränkungen mit Schmerzen verbunden, die im Laufe der Jahre immer stärker werden. Betroffene verlieren dann oft die Lust an der Bewegung und versteifen zusehends.

Was können Sie tun?

Jeder ist in der Lage, sein Verhalten umzustellen, seine Ernährung anzupassen und somit auch überschüssiges Gewicht zu verlieren, den Verschleiß (Knorpel) aufzuhalten und damit die Chancen auf schmerzfreie Lebenszeit zu erhöhen.

Natürlich gibt es keine Garantie auf Erfolg. Die passende Ernährung bei Arthrose sorgt jedoch für positive Effekte bei der Ursachenbekämpfung. Genau das ist enorm wichtig, denn falls es besser werden soll, muss an den auslösenden Ursachen gearbeitet werden. Symptome behandeln ist immer möglich, aber der Grund des Übels sollte möglichst bald verschwinden.

Hierbei hilft die angepasste Ernährung sanft aber stetig.

„Essen Sie Ihr Leiden weg" lautet unser Motto. Das funktioniert natürlich nicht in kurzer Zeit, sondern ist eher ein jahrelanger Prozess, der dauerhaft verfolgt werden muss. Am besten beginnen Sie bereits damit, wenn noch keine Beschwerden vorliegen. Frühzeitige Prävention sollte jede Person im mittleren Alter ins Auge fassen.
Mit Disziplin, gutem Durchhaltevermögen und Spaß an der Sache gelingt es auch Ihnen. Selbstverständlich erfordern fortgeschrittene Stadien der Krankheit auch medizinische Behandlung. Damit es nicht soweit kommt, sollte die Ernährung sobald wie möglich umgestellt werden.

Eine Ernährungsumstellung hat nur positive Folgen: Andere gesundheitliche Probleme werden dabei auch bekämpft und das Gewicht wird mittelfristig optimiert. Damit sinkt das Risiko, an weiteren Krankheiten leiden zu müssen. Und: Sie werden sich schon nach kurzer Zeit einfach besser fühlen, weil sich eine ausgewogene und gesunde Ernährung auf alle Funktionen des Körpers auswirkt. Ihr Körper wird sozusagen Stück für Stück „runderneuert".

Das Körperbewusstsein wird ebenso verändert. Sie gehen anders mit Ihrer Gesundheit um, kümmern sich mehr um Bewegung, fühlen sich aktiver, frischer und profitieren von neuer Energie.

Arthrose – ein Volksleiden unserer Zeit

Es gibt selten ältere Menschen, die nicht an Arthrose leiden. Im Laufe des Lebens stellen sich von Zeit zu Zeit Entzündungen ein, welche sich nicht immer zurückbilden und dann chronisch im Körper verbleiben.

Durch eine ungünstige Ernährung werden diese auch noch gefördert. Eine Linderung der Beschwerden und sogar eine Rückbildung ist jedoch möglich, wenn man sich streng und langfristig an eine entzündungshemmende Ernährungsform hält. Dabei ist natürlich Disziplin notwendig, denn der Erfolg kommt erst nach einer gewissen Zeit und kann auch nur beibehalten werden, wenn keine Abweichungen vom idealen Weg vorkommen. Rückfälle in alte Verhaltensmuster vernichten den erarbeiteten Fortschritt. **Eine dauerhafte Umstellung der Ernährung ist also nötig.**

Wenn die Knorpel zwischen Gelenken ihren Dienst versagen, weil z.B. Entzündungen, Fehlstellungen und / oder Unfallfolgen vorliegen, kann es schnell sehr schmerzhaft werden. Dann reibt Knochen auf Knochen, was natürlich langfristig nicht gut gehen kann. Die empfindliche Knochenhaut wird dann leider beschädigt. Die Folge: Die Entzündung schreitet voran, verursacht mehr Schmerzen und führt leider zum Abbau der so wichtigen Knorpel. Es entsteht ein kaum aufzuhaltender Kreislauf, der dann zum Schluss meistens mit konventioneller Medizin durchbrochen werden muss.

Das bedeutet dann: künstlicher Gelenkersatz, Operation, REHA mit all den Nachteilen für Betroffene.

Soweit muss es nicht kommen, wenn man sich vorher bereits um präventive Maßnahmen kümmert. Dazu gehört vor allem die passende Ernährung mit geeigneten Stoffen, um entzündliche Vorgänge im Körper wirksam einzuschränken.

Die geeignete Ernährung reduziert einen maßgeblichen Risikofaktor, der bei Arthrose eine große Rolle spielt: Übergewicht. Vor allem das gefährliche Bauchfett sorgt für eine Förderung der bereits vorliegenden Entzündungen.

Es ist ohne Zweifel ein langer Weg, aber es lohnt sich, ihn ohne Unterbrechung zu gehen. Betroffene erhalten die Chance, mit passender Ernährung ihre Lebensqualität deutlich zu steigern und operative Maßnahmen hinauszuschieben oder zu vermeiden.

Natürlich sollte regelmäßige Bewegung auch auf dem Plan stehen, denn diese stärkt die Gelenke und die Muskulatur. Durch Bewegung wird Gelenkflüssigkeit durch den Knorpel gepumpt. Vorsicht: Achten Sie auf stauchende Variationen der Bewegungen, wie sie z.B. bei Hallensportarten (Handball, Basketball) oder beim Tennis vorkommen können. Derartige Aktivitäten schädigen langfristig die Gelenke. Betreiben Sie lieber „sanfte“ Sportarten wie Walken, Joggen, Schwimmen, Fahrradfahren oder Wandern. Untrainierte Personen haben nicht die nötige Muskelkraft in den Beinen, um z.B. Ballsportarten länger ohne Abnutzungserscheinungen in den Gelenken zu betreiben.

Gegen bereits vorhandene Schmerzen helfen oft auch Wickel mit Kohlblättern und Bockshornklee. Schmerzmittel sollten nur kurzfristig verwendet werden, wenn es nicht anders geht. Injektionen mit Kortison können Entzündungen für eine Zeit lang bekämpfen und Schmerzen lindern, aber es handelt sich hierbei nicht um eine dauerhafte Therapie.
Ausdrücklich soll hier vor dem langen Gebrauch von Schmerzmittel aller Art gewarnt werden. Die möglichen Schäden an inneren Organen wie Leber und Nieren können ernsthafte Konsequenzen nach sich ziehen.
Immer wieder erliegen Patienten der Versuchung, den Schmerz über Monate oder Jahre mit frei verkäuflichen Tabletten zu bekämpfen. Falls Sie betroffen sind, sollten Sie genau dies nicht tun.

Eine wirksame Linderung ist mit einer regelmäßig konsumierten, geringen Menge Kreuzkümmel, Muskat und Koriander möglich.

Gewürze spielen auch eine große Rolle:

Minze, Zimt und Kurkuma können entzündungshemmend wirken. Cayennepfeffer und Chili regen die Durchblutung an. Dadurch kann sich eine Linderung von bereits vorhandenen Schmerzen einstellen.

Wichtig ist eine überwiegend basische Ernährung. Die Übersäuerung ist eine der Ursachen einer Arthrose, welche sich vergleichsweise leicht vermeiden lässt. Bevölkerungsgruppen mit überwiegend pflanzlicher Nahrungsaufnahme leiden deutlich weniger an entzündlichen Gelenkerkrankungen. Eine vegetarische Ernährung mit Früchten und Gemüse hat sich als knorpelschützend erwiesen.

Versuchen Sie zuerst eine teilweise Umstellung auf vegetarische Kost. Dies wird den meisten Betroffenen nicht leichtfallen, trägt aber zur Linderung der Beschwerden bei. Die geliebte Bratwurst sollte dann die absolute Ausnahme bleiben. Besser ist ein völliger Verzicht. Verabschieden Sie sich von Fast Food und Fertiggerichten aller Art. Gesundes Essen wird stets frisch zubereitet und enthält immer Gemüse, Samen, Nüsse oder Mandeln plus Früchte.

Also: Kein Essen aus der Pommesbude, von Fast- Food-Ketten oder ähnlichen Schnellimbiss Anbietern!

Kaufen Sie nur Bio – Gemüse, möglichst von heimischen Anbietern.

Was kann ich denn nun essen?

Folgende Lebensmittel eignen sich:

- Naturreis
- Hafer
- Hirse
- Gerste

(Hier ist Silizium wirksam zur Stabilisierung des Knorpels).

- Lachs
- Makrele
- Leinöl
- Walnussöl
- Rapsöl

(Durch die Omega 3 Fettsäuren werden Entzündungen bekämpft).

- Apfel
- Orangen
- Zitronen
- Brokkoli
- Spinat
- Knoblauch
- Heidelbeeren
- Himbeeren
- Erdbeeren
- Sauerkirschen
- Papaya
- Mango

(Die enthaltenen sekundären Pflanzenstoffe plus Vitamine und zusätzlichen Stoffe (Senföle, Flavonoide, Alllicin, Karotinoide) versprechen Linderung).

Empfehlenswerte Lebensmittel

Diese Lebensmittel können bedenkenlos in Maßen konsumiert werden:

- Vollkornprodukte (Brot)
- Vollkornreis, Vollkornnudeln
- Haferflocken, Dinkel, Hirse
- Kartoffeln
- Nüsse
- Mandeln
- Cashewkerne
- Leinsamen
- Hanfsamen
- Sesamsamen

Alle Arten von Obst

- Salate
- Karotten
- Kohl
- Gurke
- Zucchini
- Fenchel
- Brokkoli
- Blumenkohl, Rosenkohl, Rotkohl, Sauerkraut, Weißkraut
- Spinat
- Spargel
- Pilze
- Zwiebeln
- Knoblauch
- Lauch

- Lachs
- Makrele

- Hering
- Sardinen
- Scholle
- Kabeljau
- Seehecht
- Krebse
- Hummer
- Garnelen

- Hähnchenfleisch
- Putenbrust
- Rinderfilet
- Wild
- Kalbfleisch (sehr selten)

- Milch (mager)
- Magerquark
- Naturjoghurt (fettarm)
- Buttermilch
- Frischkäse

- Wasser
- Tee (ungesüßt)
- Kräutertee (ungesüßt)
- Kaffee nur in Maßen
- Schokolade (über 70% Kakaoanteil)

- Leinöl
- Rapsöl
- Olivenöl
- Sesamöl
- Kokosöl

Nicht empfehlenswerte Lebensmittel

Diese Lebensmittel sollten nicht gegessen werden:

Weißbrot, Mischbrot, Brötchen, Milchbrötchen, Laugenstangen, weißer Reis, Hartweizennudeln oder Eiernudeln, Pommes, Kroketten, Pfannkuchen, Kartoffelbrei, Toastbrot, Knäckebrot

Süße Backwaren, Kekse, Eis, Chips, Nüsse (gesalzen), Obstkonserven mit Zucker, Schweinefett, Palmfett, Sonnenblumenöl

Fruchtsäfte, Mixgetränke, Süße Milchprodukte, Cola, Limonade, Energiedrinks

Schweinefleisch, Wurst, Bratwurst, Lyoner, Salami, Bockwurst, paniertes Fleisch

Achtung: Fettsäuren (Omega 6) und die Arachidonsäure im Fleisch fördern Entzündungen. Daher sollte Ihr Fleischkonsum sehr gering ausfallen. Wenn es Fleisch sein soll, dann kommen nur sehr magere Sorten (Rind, Huhn, Kalb) infrage. Generell ist es besser, auf Fleisch möglichst zu verzichten und mehr Fisch in den Speiseplan zu integrieren.

Süßigkeiten aller Art, Pudding, süße Joghurt, Fruchtjoghurt, Götterspeise

Kaffee, Schwarztee. Trinken Sie, falls möglich nur Lupinen Kaffee.

Wie Sie sehen, sind viele gehaltvollen Lebensmittel nicht geeignet. Daher beschränken wir uns auch bei den Rezepten auf die gesunden Varianten. Wer sich an den veröffentlichen Rezepten orientiert, wird sich dauerhaft gesund ernähren und damit langfristig Gewicht verlieren bzw. Idealgewicht erreichen. Dann sind die Voraussetzungen gegeben, der Arthrose systematisch ihre Grundlagen zu entziehen.

Dieser Prozess verläuft langsam, aber stetig. Es ist daher wichtig, nicht die Geduld zu verlieren, sondern dabei zu bleiben und durchzuhalten.

Bitte beachten: Selbstverständlich gibt es keine Garantie auf Erfolg. Wenn Sie die empfohlene Ernährung aber dauerhaft zu sich nehmen, bestehen gute Chancen, Beschwerden zu lindern und Entzündungen im Körper auf längere Sicht eventuell sogar zum kompletten Abklingen zu bringen. Dieses Ziel kann durchaus erreicht werden.

Die passende Ernährung bei Rheuma

Rheuma wird ebenfalls durch entzündliche Prozesse im Körper befeuert. Leider gibt es viele unterschiedliche Arten von Rheuma. Ursachen sind aber fast nur Entzündungen in unterschiedlichen Formen.
Dabei ist Rheuma nicht auf die Gelenke oder die Muskeln beschränkt. Auch innere Organe können befallen werden. Die rheumatoide Arthritis ist die häufigste Form der Krankheit. Hier entzünden sich die Gelenke chronisch. Bei dieser Form der Gelenkentzündung ist eine Heilung noch nicht möglich. Die Beschwerden können aber dauerhaft gelindert werden. Frauen erkranken daran häufiger als Männer. Meistens tritt Rheuma in der zweiten Lebenshälfte auf.

Es gelten ähnliche Empfehlungen wie bei der Arthrose. Die Entwicklung der Beschwerden ist individuell verschieden. Finden Sie daher heraus, welche Lebensmittel bei Ihnen einen Schub auslösen. Dies können z.B. Mais, Weizen, Hafer, Roggen, Kaffee, Grapefruit oder Orangen sein. Generell kann man aber nicht von solchen Lebensmitteln abraten, da sie von anderen Patienten vertragen werden. Eine genaue Bestimmung der Unverträglichkeiten dauert lang und muss in Zusammenarbeit mit einem fachkundigen Arzt erfolgen. Diesen Prozess kann Ihnen leider niemand ersparen.

Allgemein sollte Fleisch sehr selten genossen werden. Auch hier gilt: Omega 3 - Fettsäuren müssen reichlich auf den Tisch kommen. Damit können entzündliche Vorgänge im Körper gemildert werden. In vielen Fällen ist dann auch eine Reduzierung der sonst notwendigen Medikation möglich. Diese erfolgt oft mit Kortison Tabletten über einen gewissen Zeitraum, um die Entzündung zu bekämpfen. Leider sind die Erfolge nicht von Dauer, weil nach Absetzen der Tabletten die Beschwerden oft wieder aufflammen.

Um eine dauerhafte Ernährungsumstellung kommen Patienten also nicht herum. Dann kann es gelingen, entzündliche Prozesse im Körper langfristig zurückzudrängen.

Gicht – Eine Plage für immer mehr Betroffene

Diese Krankheit war in früheren Zeiten fast unbekannt. Erst durch die reichhaltige Versorgung mit Nahrungsmittel trat Gicht vermehrt auf.
Eine große Rolle spielt hier die Nahrungsaufnahme: zu viel Essen fördert Gicht.
Bei der Gicht wird Harnsäure nicht optimal über die Nieren ausgeschieden. Es kommt daher zu einem erhöhten Spiegel im Blut. Die Harnsäurekristalle lagern sich dabei in den Gelenken ab und verursachen mitunter heftige Schmerzen. Die Gelenke schwellen an. Vor allem die Fußzehen sind betroffen und sorgen für heftige Beschwerden. So mancher Betroffene kann nicht einmal die Bettdecke auf seinem Fuß ertragen. Vermehrte Gichtanfälle können einen chronischen Verkauf der Krankheit fördern. Das sich Harnsäurekristalle auch in den Nieren ansammeln, können auch Nierensteine entstehen bzw. Nierenkoliken folgen. Strenge purinarme Diät ist dann notwendig.
Es gilt, Purine langfristig zu meiden, damit sich der Harnsäurespiegel nicht erhöht. Tierische Lebensmittel enthalten in der Regel mehr Purine als pflanzliche Nahrung.

Welche Lebensmittel sollte man meiden?

Fleisch

Rind, Schwein und Geflügel sollten nur sehr selten gegessen werden. Auf keinen Fall dürfen Innereien (Leber, Niere, Herz) verspeist werden.

Fisch

Vor allem Lachs, Hering, Sprotten und Sardellen sind nicht empfehlenswert.

Kohl

Blumenkohl, Brokkoli, Rosenkohl, Spinat und Pilze enthalten mehr Purine als andere Gemüsesorten. Diese sollten also seltener auf den Tisch kommen.

Fettreiche Milch

Käse, Joghurt, Milchprodukte sollten fettarm sein.

Alkoholika

Meiden Sie Bier, Spirituosen und größere Mengen Wein sowie Sekt. Auch Bier ohne Alkohol enthält viele Purine.

Meiden Sie Fleischbrühe, Bierhefe, Sojabohnen, Haut von Fischen und Geflügel, Sprotten, Sardellen, Ölsardinen und Knochenmark.

Welche Nahrungsmittel sind empfehlenswert?

Blattsalate, Paprika, Karotten, Kartoffel, fettarme Milch, Milchprodukte, Eier, Käse und Purin arme Obstsorten.

Weiterhin können Sie folgende Lebensmittel zu sich nehmen:

Schwarztee, Früchte Tee, Mineralwasser, Obstsäfte, Kakao, Malzkaffee, Limonade (Achtung wegen dem Zuckeranteil!), Milch (1,5 % Fett), Sahne, saure Sahne, Buttermilch, Magerquark,
Käse (besonders geeignet: Hüttenkäse, Harzer), Butter, Margarine in geringen Mengen. Kartoffeln, Grieß, Nudeln, Reis, Sago, Stärke, Honig, Gemüsebrühe.

Gute Eiweißlieferanten sind:

Eier, Käse, Milch, Joghurt und Quark. Diese Produkte enthalten wenig Purine.

<u>Vorsicht ist bei folgenden purinreichen Lebensmitteln angebracht:</u>

Fleisch, Wurst, Fisch, Geflügel und Innereien.

Unabhängig von allen Empfehlungen sollten am Tag 5 Portionen Gemüse und / oder Obst verzehrt werden. Am besten sind kleine Mahlzeiten geeignet.

Wichtig:
Bevorzugen Sie gelagerte Lebensmittel. Vor allem frisches Fleisch und frischer Fisch erhöhen den Harnsäurespiegel stärker als gelagerte Waren. Kochen Sie die Lebensmittel. Das ist besser, als diese zu braten. Die Haut (z.B. Kruste beim Hähnchen) sollte nicht verzehrt werden. Auf keinen Fall dürfen Krustentiere gegessen werden.

Gewürze sind nicht nur schmackhaft, sondern auch sehr nützlich bei unterschiedlichen Leiden

Chili

Chili wirkt entzündungshemmend und fiebersenkend. Der Cholesterinspiegel wird auch positiv beeinflusst. Die Schärfe sorgt dafür, dass man schneller satt ist. Chili enthält viel Vitamin C.

Ingwer

Diese Knolle wirkt ebenfalls gegen Entzündungen und beinhaltet Kalzium, Magnesium, Eisen, Phosphor und Kalium. Ingwer schmeckt in vielen Gerichten warm und kalt. Die Verdauung wird damit gestärkt.

Knoblauch

Wegen des intensiven Geruchs nach dem Genuss von Knoblauch, wird diese Knolle oft nicht genossen, was ein Fehler ist. Knoblauch wirkt u.a. gegen Bakterien und stärkt das Immunsystem. Der regelmäßige Genuss sorgt für elastische Blutgefäße.

Kresse

Kresse enthält viel Vitamin C, A, B1, B2 und E sowie Mineralstoffe. Sie regt den Appetit an. Außerdem wirkt sie entzündungshemmend und fördert den Stoffwechsel. Kresse wird von den meisten Personen leider unterschätzt. Deshalb: Integrieren Sie Kresse öfter in den Speiseplan. Es lohnt sich.

Dill

Dill fördert die Verdauung und ist nützlich bei Blähungen. Vor allem in Saucen und bei Fischgerichten können Sie Dill gut verwenden.

Nelken

Sie enthalten viele Antioxidantien. Beim Würzen sollten Sie allerdings vorsichtig mit der Dosierung sein.

Meerrettich

Diese Wurzel wirkt antiseptisch, antibakteriell und auch entzündungshemmend. Sie enthält Vitamin C, B1, B6, B2, Kalzium, Magnesium, Kalium und Eisen. Am besten roh genießen.

Kurkuma

Das enthaltene gelbe Curcumin hat eine entzündungshemmende Wirkung. Kurkuma soll auch gegen Tumore wirken. Geben Sie zu Kurkuma stets etwas Öl und Pfeffer hinzu.

Rezepte für eine passende Ernährung gegen Arthrose, Gicht und Rheuma

Alle Rezepte sind als grobe Orientierung zu verstehen. Natürlich können diese variiert oder auch ergänzt werden. Falls Sie gewisse Bestandteile nicht vertragen, können diese jederzeit ausgetauscht oder ergänzt werden. Ansonsten: Würzen Sie nach Ihrem Bedarf.

Das Frühstück – Energie für den Tag

Das Frühstück ist eine wichtige Mahlzeit. Es soll Energie für den Start in den Tag geben und gleichzeitig dazu führen, dass nicht wieder kurz danach ein Hungergefühl entsteht.
Solche Anforderungen sind nur mit vollwertigen Lebensmitteln zu erreichen. Ein positives Beispiel sind Haferflocken, welche die enthaltene Energie nicht sofort auf einen Schlag dem Körper zur Verfügung stellen, sondern über längere Zeit fein dosiert. Deshalb eignen sie sich auch für Diabetiker.

Entscheidend ist die Zusammensetzung der Mahlzeiten. Diese sollten nur aus empfehlenswerten Lebensmitteln bestehen.

Trinken Sie morgens eine halbe Stunde vor dem Frühstück ein Glas Wasser. Es kann auch basischer Tee sein. Tipp: Basischen Tee lassen Sie sich am besten vom Apotheker mischen. Auch wenn es etwas teurer ist: Es lohnt sich, denn die frischen Inhalte sind sehr nützlich für Ihren Körper. Zu den Mahlzeiten sollten Sie nicht trinken, sondern davor und danach.

Ein generell gutes Frühstück besteht aus Früchten, die Sie frisch und vor allem unbehandelt verzehren können.

Am besten gewöhnen Sie sich daran, nach dem Aufstehen sofort ein Glas warmes Wasser zu trinken. Danach bereiten Sie ein Glas mit Grüntee zu, wobei natürlich auf die Herkunft des Tees geachtet werden muss. Auf keinen Fall sollten darin Pestizide zu finden sein. Nach einer halben Stunde kann dann das Frühstück folgen.

ALLE nachfolgenden Rezepte sind für 2 Personen bemessen.

Fruchtmix traditionell

Zutaten:

Eine Karotte
Ein Apfel
Eine Birne
1 EL Leinöl
1 EL Zitronensaft
1TL Zimt

Die Karotte schälen, waschen und klein hobeln. Den Apfel waschen und klein schneiden. Die Birne wird ebenfalls gewaschen und klein geschnitten. Dann geben Sie alles zusammen in eine Schüssel und pürieren den Inhalt mit dem Pürierstab. Leinöl, Zitronensaft sowie Zimt dazu geben und noch einmal vermischen.

Der Früchtetraum

Zutaten:

Ein Apfel
¼ Wassermelone
Eine Limette
25 g Mandeln
1 EL Leinöl
1 EL Zitronensaft
1TL Zimt

Den Apfel bitte waschen und klein schneiden. Die Wassermelone schneiden und in eine Schüssel geben. Dazu kommen der Apfel und die entkernte und geschnittene Limette.
Die Mandeln werden klein gehackt. Mit dem Pürierstab fein pürieren. Danach streuen Sie die Mandeln ein und geben den Zitronensaft sowie Leinöl und Zimt dazu. Anschließend noch mal vermischen.

Bananenmus mit Limette

Zutaten:

Zwei Bananen
Eine Limette
150 g Sojajoghurt
1 EL Leinöl
1 EL Zitronensaft
20 g Hanfsamen

Die Bananen schälen und in kleine Stücke geschnitten in eine Schüssel geben. Dann schälen Sie die Limette und schneiden diese klein. Geben Sie alles zusammen in die Schüssel und pürieren sie es. Dann Leinöl, Zitronensaft und den Hanfsamen dazu geben und noch einmal vermischen.

Fruchtcocktail Salat mit Samen

Zutaten:

Eine Banane
Ein Apfel
Eine Birne
Eine Orange
150 g Sojajoghurt
1 EL Leinöl
20 g Hanfsamen
20 g Sesamsamen
10 g Leinsamen
1 TL Zimt
1 TL Curry

Den Apfel und die Birne waschen und klein schneiden. Die Orange schälen und klein schneiden. Nun schälen Sie die Banane und schneiden diese in kleine Stücke. Jetzt geben Sie die Früchte in eine Schüssel und mischen diese gut durch. Dann kommen das Sojajoghurt und das Leinöl dazu. Den Hanfsamen, Sesamsamen und Leinsamen streuen sie darauf und vermischen noch einmal. Anschließend Zimt und Curry darüber streuen und servieren.

Quark mit Leinöl

Zutaten:

150 g Quark (mager)
30 g Haferflocken
20 g Leinsamen
20 g Hanfsamen
2 EL Leinöl
1 EL Zitronensaft
1TL Zimt

Den Quark mit Leinöl gut vermischen. Dann geben Sie Leinsamen und Hanfsamen dazu. Der Zitronensaft wird gut eingerührt. Anschließend noch mit Zimt bestreuen und servieren.

Gemüse Fruchtmix

Zutaten:

Zwei Karotten
Ein Apfel
Eine Birne
100 g Heidelbeeren
100 g Himbeeren
150 g Sojajoghurt
1 EL Leinöl
1 EL Zitronensaft

Die Zucchini wird gewaschen und in Scheiben geschnitten. Dann wachen und schälen Sie die Karotte, die auch in kleine Stücke geschnitten wird. Den Apfel und die Birne waschen und klein schneiden. Apfel, Birne, Karotten und die Zucchini kommen in eine Schüssel und werden püriert.

Dann Sojajoghurt, Heidelbeeren und Himbeeren dazu geben und nur leicht vermischen. Es folgen Leinöl und Zitronensaft. Erneut leicht mischen, sodass die Beeren intakt bleiben.

Das Zaubermüsli

Zutaten:

60 g Haferflocken
40 g Joghurt (fettarm)
1 Apfel
60 ml Mandelmilch
30 g Heidelbeeren
20 g Mandeln
1 EL Leinöl
1 TL Zimt

Den Apfel gut waschen und klein schneiden. Die Haferflocken kommen mit dem Joghurt und der Mandelmilch in eine Schüssel und werden gut vermischt. Die Mandeln werden in kleine Stücke zerhackt und dann eingestreut. Anschießend geben Sie Leinöl, die Heidelbeeren und Zimt dazu. Noch einmal vermischen und dann frisch servieren.

Frisches Fruchtmüsli

Zutaten:

50 g Haferflocken
40 g Joghurt (fettarm)
1 Birne
60 ml Mandelmilch
30 g Himbeeren
20 g Cashewkerne
1 EL Leinöl
1 TL Zimt

Die Haferflocken werden ein Tag zuvor in Wasser eingelegt. So sind diese besser bekömmlich und können auch von Personen genossen werden, deren Magen - Darmtrakt sonst Probleme bereitet.
Die Himbeeren bitte gut waschen. Die Birne wird gewaschen und klein geschnitten. In einer Schüssel mischen Sie die Haferflocken, Joghurt, Birne und die Mandelmilch. Dann geben Sie die Himbeeren, die zerkleinerten Cashewkerne und das Leinöl dazu. Zum Schluss mit Zimt ergänzen und noch einmal vermischen.

Feines Kokos - Müsli

Zutaten:

50 g Haferflocken
40 g Joghurt (fettarm)
50 g Kokosflocken
30 ml Mandelmilch
1EL Zitronensaft
1 Mandarine
20 g Hanfsamen
1 EL Leinöl
1 TL Zimt

Die Mandarine schälen und klein schneiden. In eine Schüssel kommen die Haferflocken, Joghurt, Mandelmilch, Mandarine und die Kokosflocken. Dann gut vermischen.
Geben Sie dann Zimt. Leinöl und den Zitronensaft dazu. Anschließend noch einmal vermischen. Zum Schluss den Hanfsamen über dem Müsli verstreuen.

Wenn Sie Probleme bei der Verdauung haben, können die Haferflocken auch stark reduziert werden.

Vollkorn Avocado - Brot

Zutaten:

Eine Scheibe Vollkornbrot
Eine halbe Avocado
1EL Zitronensaft
10 Schnittlauch
1 EL Leinöl

Die Avocado mittig aufschneiden und mit dem Löffel Fruchtfleisch entnehmen. Das Vollkornbrot mit Leinöl bestreichen. Darauf kommen nun die Avocado Stückchen, die noch mit Zitronensaft beträufelt werden. Schließlich schneiden Sie noch den Schnittlauch klein und verstreuen diesen auf den Avocado Stückchen.

Vollkorn Kiwi - Brot

Zutaten:

Eine Scheibe Vollkornbrot
2 Kiwi (süß)
2 Mandarinen
1 EL Mandelmus
1 EL Zitronensaft
10 g Schnittlauch
1 EL Leinöl

Die Kiwi und die Mandarinen schälen und klein schneiden. Das Leinöl auf die Scheibe Brot streichen. In einer kleinen Schüssel mischen Sie das Mandelmus mit der Kiwi und den Mandarinen. Dann kommt noch etwas Zitronensaft hinzu. Diese Masse wird auf das Brot gebracht. Zum Schluss noch den Schnittlauch darüber verstreuen.

Nuss Müsli

Zutaten:

150g Haferflocken
100 ml Mandelmilch
1 Naturjoghurt (fettarm)
20 g Walnüsse
10 g Mandeln
20 g Cashewkerne
1EL Leinöl
1 TL Zimt
10 g Sesamsamen

Die Haferflocken kommen mit den zerhackten Walnüssen, Mandeln und Cashewkernen in eine Schüssel. Dann geben Sie die Mandelmilch und das Naturjoghurt dazu. Alles gut vermischen. Es folgen Leinöl und Zimt. Anschließend noch einmal vermischen. Zum Schluss noch den Sesamsamen darüber verstreuen und servieren.

Früchte Müsli

Zutaten:

200 g Haferflocken
Einen halben Pfirsich
Eine Aprikose
Ein Naturjoghurt (1,5 % Fett)
40 ml Sahne
Einen halben Apfel
1TL Zimt

Den Pfirsich und die Aprikose waschen und klein schneiden. Der Apfel wird klein gerieben. Nun kommen Pfirsich, Aprikose und der geriebene Apfel in eine Schüssel. Dann den Naturjoghurt und die Sahne dazu gegeben. Alles gut vermischen. Anschließend wird der Zimt noch hinzugefügt und vermischt.

Pfirsich Joghurt

Zutaten:

100 g Pfirsiche
100 g Aprikosen
200 g Joghurt (1,5 % Fett)
20 g Zimt
20 g Haferflocken
1 TL Zitronensaft
20 g Sesamsamen

Die Pfirsiche und Aprikosen gut waschen und in sehr kleine Stücke schneiden. Dann alles zusammen mit Haferflocken in eine Schüssel geben und den Joghurt unterrühren. Nun den Zitronensaft hineingeben. Anschließend mit dem Sesamsamen noch einmal vermischen und servieren.
Diese erfrischende Zwischenmahlzeit eignet sich auch, wenn mal keine Lust auf übliche Nahrung aufkommt.

Birnen Joghurt

Zutaten:

100 g Birne
100 g Apfel
200 g Joghurt (1,5 % Fett)
20 g Zimt
20 g Haferflocken
1 TL Zitronensaft
20 g Sesamsamen
10 g Hanfsamen

Die Birne und den Apfel bitte waschen und klein schneiden. Dann geben Sie das Obst zusammen mit Haferflocken in eine Schüssel. Den Joghurt bitte unterrühren. Nun den Zitronensaft hineingeben. Anschließend mit dem Sesamsamen und Hanfsamen noch einmal vermischen und servieren.

Erdbeere Joghurt mit Kiwi

Zutaten:

100 g Erdbeere
100 g Kiwi (Gold)
200 g Joghurt (1,5 % Fett)
20 g Zimt
20 g Haferflocken
1 TL Zitronensaft
20 g Sesamsamen
10 g Hanfsamen

Die Erdbeeren bitte gut waschen und klein schneiden. Die Kiwi halbieren Sie und schälen die Frucht mit einem Löffeln aus.
Dann geben Sie alles zusammen mit dem Joghurt in eine Schüssel. Zimt, Haferflocken, Zitronensaft dazu geben und vermischen. Anschließend streuen Sie noch den Hanfsamen und den Sesamsamen ein. Noch einmal gut vermischen und servieren.

Pikanter Quark mit Nüssen

Zutaten:

150 g Quark (mager)
1 Messerspitze Koriander
1 Messerspitze Kreuzkümmel
1 Messerspitze Muskat
1 TL Leinöl
25 g Walnüsse
1 Pfirsich

Die Walnüsse bitte zerhacken. Den Pfirsich waschen und klein schneiden. Dann vermischen Sie den Quark mit dem Leinöl und dem Pfirsich und geben die Gewürze dazu. Anschließend die Walnüsse dazu geben und wieder vermischen.

Vollkornbrot mit Gurken

Zutaten:

Eine Scheibe Vollkornbrot
1 kleine Gurke
Senf
10 g Schnittlauch
½ TL Meerrettich

Die Gurke bitte waschen und in Scheiben schneiden. Das Vollkornbrot bestreichen Sie mit Senf und legen dann die Gurkenscheiben darauf. Anschließend mit Schnittlauch bestreuen, mit Meerrettich garnieren und servieren.

Himbeere Joghurt mit Melone

Zutaten:

100 g Himbeeren
100 g Wassermelone
200 g Joghurt (1,5 % Fett)
20 g Zimt
20 g Haferflocken
1 TL Zitronensaft
20 g Sesamsamen
10 g Hanfsamen

Die Himbeeren bitte gut waschen und in Hälften schneiden. Die Melone aufschneiden und das Fruchtfleisch mit einem Löffel ausschälen. Geben Sie das Obst zusammen mit dem Joghurt in eine Schüssel. Dann kommen Zimt, Zitronensaft, Haferflocken dazu und werden mit dem Obst und dem Joghurt vermischt.
Den Hanfsamen und Sesamsamen bitte einstreuen und noch einmal vermischen.

Vollkornbrot mit Avocado und Kresse

Zutaten:

Eine Scheibe Vollkornbrot
Eine Avocado
1EL Senf
1 EL Zitronensaft
10 g Schnittlauch
10 g Kresse

Das Vollkornbrot bestreichen Sie mit Senf. Die Avocado bitte aufschneiden, schälen und in Scheiben schneiden, die auf das Brot kommen. Etwas Zitronensaft auf die Avocado streuen und den gewaschenen Schnittlauch sowie die Kresse darüber geben.

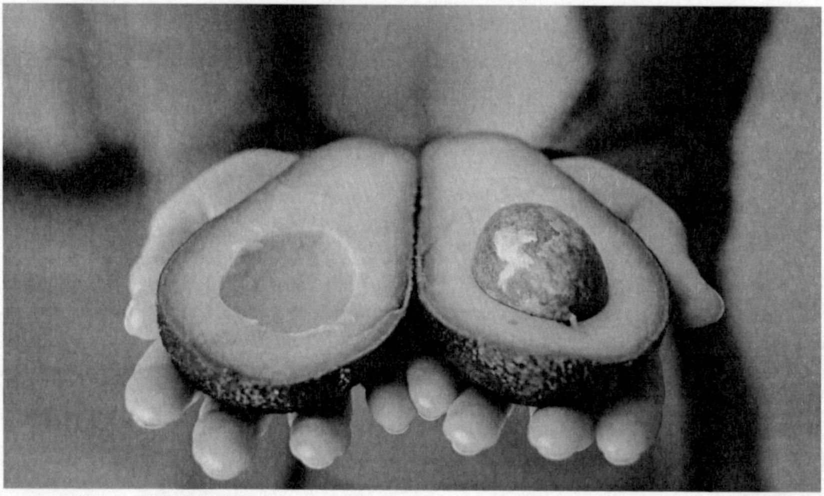

Vollkornbrot mit Lachs (für Gichtpatienten ungeeignet)

Zutaten:

Eine Scheibe Vollkornbrot
100 g Stremel Lachs
20 g Tomatenmark
50 g Frischkäse (mager)
10 g Schnittlauch

Das Vollkornbrot bitte mit Tomatenmark bestreichen. Dann geben Sie den Frischkäse dazu. Den Lachs platzieren Sie neben dem Brot auf einem kleinen Teller. Der Schnittlauch wird über dem Bot verstreut.

Vollkornbrot mit Tomaten

Zutaten:

Eine Scheibe Vollkornbrot
2 kleine Tomaten
Senf
10 g Schnittlauch

Die Tomaten bitte waschen und in Scheiben schneiden. Das Vollkornbrot bestreichen Sie mit Senf und legen dann die Tomatenscheiben darauf. Anschließend mit Schnittlauch bestreuen.

Vollkornbrot mit Banane

Zutaten:

Eine Scheibe Vollkornbrot
Eine Banane
1 TL Leinöl
1 EL Zitronensaft
½ TL Zimt

Das Vollkornbrot bestreichen Sie mit Leinöl. Die Banane bitte schälen und in Scheiben schneiden, die auf das Brot kommen. Etwas Zitronensaft auf die Banane streuen und den gewaschenen Schnittlauch sowie Zimt darüber geben.

Hauptgerichte

Ausgewogen und möglichst frisch zubereitet sollte das Motto sein. Ab und zu sind kleine Sünden erlaubt. Der Fokus liegt aber auf den bereits oben genannten, empfehlenswerten Lebensmitteln, die in Kombination mit guten Gewürzen eingesetzt werden. Dabei spielt Abwechslung eine große Rolle. Gesunde Ernährung darf nicht langweilig werden. So mancher Leser wird wohl etwas „Deftiges" vermissen, aber auch Einschränkungen beim Verzehr gehören dazu.

Sie sollen ja gesund und nahrhaft essen, nicht „völlern". Ihr Körper wird sich innerhalb kurzer Frist auf die neue Ernährungsweise einstellen. Besonders fettreiche Gerichte werden Ihnen dann kaum mehr schmecken.

Der Fokus liegt auf möglichst pflanzlich, leicht, verträglich, entzündungshemmend und ballaststoffreich. Mit dieser Kombination erreichen Sie Ihr ideales Gewicht, schonen damit Gelenke, Kreislauf und optimieren den Stoffwechsel.

Zucchini Nudeln mit Lachs (für Gichtpatienten ungeeignet)

Zutaten:

3 Zucchini
200 g Lachsfilets
2 EL Olivenöl
Eine Avocado
Zitronensaft
Sesamsamen
Pfeffer
Salz

Die Zucchini waschen und dann längs in Nudelform klein schneiden. Die Lachsfilets zerkleinern, mit Pfeffer und Salz würzen und in der Heißluftfritteuse bei 160 Grad mindestens für 25 Minuten garen. Dann die Zucchini Nudeln mit Salz in einem Topf für etwa 3 Minuten kochen. Die Avocado aufschneiden, entkernen und mit einem Löffel das Fruchtfleisch herausholen. Den Lachs zusammen mit den Zucchini Nudeln anrichten. Avocado mit Zitronensaft mischen und servieren. Den Sesamsamen über das Gericht streuen.

Gemischter Brokkolisalat

Zutaten:

Ein Kopf Brokkoli
Eine Avocado
3 EL Olivenöl
Essig
Zitronensaft
Salz
Senf
Pfeffer
25 g Sesamsamen

Den Brokkoli waschen und in Röschen zerteilen. Dann kommt er für etwa 7 Minuten in den Dampfgarer. Die Avocado schälen, in dünne Scheiben schneiden und diese mit etwas Zitronensaft bestreichen.
In eine Schüssel kommen Öl, etwas Wasser, ein kleiner Spritzer Essig und Senf. Gut durchmischen. Nun gibt man den Brokkoli und die Avocado hinzu. Dann noch den Sesamsamen darüber streuen.

Frischer Obstsalat

Zutaten:

Eine Banane
Eine Orange
Eine Zitrone
Zwei Mandarinen
Ein Apfel
1EL Leinöl
1TL Zimt
25 g Mandeln

Der Apfel wird gewaschen und klein geschnitten. Die Orange, Mandarinen und die Banane schälen und ebenfalls klein schneiden. Nun kommt alles in eine Schüssel und wird gut vermischt. Die Zitrone in zwei Hälften schneiden und den Saft einer halben Zitrone über der Schüssel auspressen. Dazu geben Sie das Leinöl, den Zimt und die zerkleinerten Mandeln. Dann wird alles noch einmal vermischt und anschießend serviert.

Gemischter Gurkensalat

Zutaten:

Eine Gurke
Eine halbe rote Paprika
250 g Chinakohl
200 g Feldsalat
2 EL Leinöl
1 EL Essig
Senf
Pfeffer
Salz
25 g Leinsamen
25 g Hanfsamen

Die Gurke waschen und in Scheiben schneiden. Die Paprika, den Feldsalat und den Chinakohl waschen und klein schneiden.
In eine Schüssel geben Sie Öl, Essig, etwas Senf, Pfeffer und Salz. Dann gut vermischen. Das Dressing nun mit dem Salat vermischen und den Leinsamen sowie den Hanfsamen darüber verstreuen.

Kartoffelsalat mit Joghurt

Zutaten:

3-4 Kartoffel
Eine halbe Gurke
400 g Joghurt (1,5% Fett)
50 g Schnittlauch
20 g Petersilie
1EL Olivenöl
Pfeffer
Salz

Die Kartoffeln schälen und in einem Topf mit Wasser und Salz gar-kochen. Die Gurke waschen, halbieren und in kleine Scheiben schneiden. Schnittlauch und Petersilie kleinschneiden. Nach dem Kochen werden die Kartoffeln eine Weile abgekühlt. Dann schneiden Sie diese in kleine Stücke, die in eine Schüssel gegeben werden. Dazu kommen Gurke, Joghurt, Schnittlauch und Petersilie. Alles bitte gut vermischen. Dann etwas Öl dazu geben und erneut mischen. Zum Schluss mit Pfeffer und Salz würzen.

Paprika Salat mit Apfel

Zutaten:

Eine rote Paprika
Ein Apfel
Eine Zucchini
1 EL Rapsöl
1 EL Essig
10 g Schnittlauch
Pfeffer
Salz
Senf
20 g Haselnüsse

Die Paprika, den Apfel und die Zucchini waschen und zerteilen. Alles in einer Schüssel vermischen. Die Haselnüsse werden klein gehackt. In eine Schüssel kommen etwas Essig, Öl, Senf und Schnittlauch. Dann Pfeffer und Salz dazu geben und gut vermischen. Anschließend geben Sie das Dressing in die andere Schüssel mit den Paprika, Apfel und Zucchini und vermischen erneut.

Rotkohlsalat mit Orangen

Zutaten:

Ein halber Kopf Rotkohl
150 g Lauch
Eine Zwiebel
2 Orangen (süß)
100 g Heidelbeeren
2 EL Olivenöl
Salz
Pfeffer
1 EL Essig
Senf
Kräuter
Petersilie
Minze
Prise Zimt

Den Rotkohl waschen, klein hobeln. Die Orangen schälen (Kerne entfernen) und in Scheiben schneiden. Petersilie und Lauch klein schneiden. Die Heidelbeeren gut waschen. Alles zusammen mit der Minze in eine Schüssel geben.
In einer anderen Schüssel das Dressing mit wenig Essig, Wasser, Öl, Pfeffer und Salz mischen.
Danach den Inhalt der ersten Schüssel in die zweite Schüssel geben und gut mischen. Etwas für 20 Minuten stehen lassen. Dann eine Prise Zimt einstreuen und servieren.

Avocado Salat mit Birne

Zutaten:

Eine Avocado
Eine Birne
150 g Eisbergsalat
Eine Zwiebel
Essig
2 EL Olivenöl
Pfeffer
Salz
Zitronensaft
Senf
Schnittlauch
1 EL Sesamsamen

Die Avocado wird geschält und in kleine Stücke geschnitten.
Ebenso wird die gewaschene Birne in kleine Stücke geschnitten. Die Zwiebel schälen und klein schneiden.
Den Eisbergsalat waschen, zerkleinern und zusammen mit der Avocado, der Zwiebel und der Birne in eine Schüssel geben und vermischen.
In eine weitere Schüssel etwas Wasser, Öl, etwas Essig, ein TL Zitronensaft und Senf nach Bedarf geben. Gut vermischen und den Inhalt in die Schüssel mit dem Salat geben. Dann wieder vermischen.
Zum Schluss etwas Schnittlauch und den Sesamsamen darüber verstreuen.

Feldsalat mit Pilzen

Zutaten:

200 g Feldsalat
120 g Champignons (Glas)
2 EL Rapsöl
1 EL Essig
Eine Zwiebel
Salz
Pfeffer
Senf

Der Feldsalat muss gut gewaschen werden. Dann in kleine Röschen zerteilen. Die Pilze ebenfalls waschen und klein schneiden. Nun geben Sie ÖL, Essig etwas Salz, Pfeffer und Senf in eine Schüssel. Dann gut vermischen. Die Zwiebel wird geschält und klein-geschnitten. Sie kommt ebenfalls in die Schüssel. In die Schüssel mit dem Dressing geben Sie jetzt den Salat und die Pilze. Noch einmal vermischen und dann servieren.

Traditioneller Kartoffelsalat

Zutaten:

3-5 Kartoffel
Eine Zwiebel
3 EL Rapsöl
1 EL Essig
1/2 EL Senf
20 g Schnittlauch
Pfeffer
Salz

Die Kartoffeln bitte schälen und in einem großen Topf mit Wasser und Salz für etwa 20 - 25 Minuten kochen. Nach dem Abkühlen schneiden Sie die Kartoffel klein. Die Zwiebel schälen und klein schneiden. In eine Schüssel kommen Kartoffel, Zwiebel, Rapsöl, Essig, Senf und Schnittlauch. Alles wird gut vermischt. Dann mit Pfeffer und Salz würzen.

Pikanter Reissalat

Zutaten:

250 g Reis (Vollkorn)
1 Orange (süß)
200 g Chinakohl
100 Kopfsalat
1 Tomate
Petersilie
Pfeffer
Essig
Senf
Salz
Olivenöl
2 Esslöffel gepresster Orangensaft
2 Esslöffel getrocknete Heidelbeeren

Der Reis wird im Topf mit Salz und Wasser gargekocht (etwa 12-15 Minuten).

Es folgt das Reinigen und Schneiden des Chinakohls, des Kopfsalates und der Tomate. Die Orange wird geschält, gesäubert und in kleine Scheiben geschnitten.

Pfeffer, Salz, Wasser, Essig, Senf, Orangensaft und das Olivenöl in eine Schüssel geben und gut durchmischen. Dann mit Salz und Pfeffer noch nachwürzen, falls nötig. Anschließend den Reis, den Chinakohl, den Kopfsalat, die Tomate, Petersilie und die Orange in die Schüssel geben und mischen. Dann streuen Sie noch die getrockneten Heidelbeeren ein.

Süßer Avocadosalat

Zutaten:

Eine Avocado
Eine Birne
150 g Eisbergsalat
Eine Zwiebel
Essig
2 EL Olivenöl
Pfeffer
Salz
Zitronensaft
Senf
Schnittlauch
1 EL Sesamsamen

Die Avocado wird geschält und in kleine Stücke geschnitten.
Ebenso wird die gewaschene Birne in kleine Stücke geschnitten.
Die Zwiebel schälen und klein schneiden.
Den Eisbergsalat waschen, zerkleinern und zusammen mit der Avocado, der Zwiebel und der Birne in eine Schüssel geben und vermischen.
In eine weitere Schüssel etwas Wasser, Öl, etwas Essig, ein TL Zitronensaft und Senf nach Bedarf geben. Gut vermischen und den Inhalt in die Schüssel mit dem Salat geben. Dann wieder vermischen.
Zum Schluss etwas Schnittlauch und den Sesamsamen darüber verstreuen.

Lachs auf Vollkornbrot (für Gichtpatienten ungeeignet)

Zutaten:

Zwei Scheiben Vollkornbrot
120 g Räucherlachs
Eine Zwiebel
1EL Rapsöl
1EL Zitronensaft
10 g Petersilie
10 g Schnittlauch
Salz
Pfeffer

Jedes Brot wird mit Rapsöl bestrichen. Dann schälen Sie die Zwiebel, zerkleinern diese und geben die Stücke auf die Brote. Die Brote würzen Sie mit wenig Salz und Pfeffer und geben diese dann in den Backofen, wo sie bei 180 Grad für etwa 10 Minuten gebacken werden. Dann schneiden Sie den Lachs in kleinere Stücke und belegen damit die Brote. Nun kommen noch Zitronensaft, Schnittlauch und Petersilie auf den Lachs.

Blumenkohlsalat

Zutaten:

150 g Blumenkohl
2 Karotten
Eine Paprika
Olivenöl
Salz
Pfeffer
1 Teelöffel Leinsamen
1 Teelöffel Hanfsamen
1 Teelöffel Sesam Samen
Essig
Senf

Den Blumenkohl und die Karotten erst waschen, klein schneiden und leicht im Dampfgarer andünsten.
Die Paprika waschen in Scheiben schneiden.
In eine Schüssel, Öl, Essig, Wasser, Senf, Salz und Pfeffer geben und mischen.
Dann den Blumenkohl, Karotten und Paprika in die Schüssel geben und erneut mischen. Nun streuen Sie den Sesamsamen, Leinsamen und Hanfsamen ein. Anschließend servieren.

Bunter Karottensalat

Zutaten:

3 Karotten
350 g Chinakohl
2 rote Zwiebeln
30 g Mandeln
20 g Sesamsamen
Olivenöl
Eine frische Ingwer Knolle
Essig
Senf
Honig
Pfeffer
Salz
Sojasauce
Sesamöl

Die Karotten waschen und längs in kleine Streifen schneiden.
Den Chinakohl waschen und ebenfalls längs in Streifen schneiden. Beides in eine Schüssel geben. Dann die Sojasauce, den geriebenen Ingwer (50 g) hineingeben.
Nun in eine weitere Schüssel Essig, Salz, Pfeffer, Öl, etwas Wasser, Honig (1 TL) geben und gut mischen. Karotten und Chinakohl in die Schüssel mit dem Dressing geben und mischen.
Die Mandeln und den Sesamsamen in einer kleinen Pfanne kurz anrösten und auf dem Salat verstreuen.

Kartoffel mit Quark

Zutaten:

Vier Kartoffeln
200 g Quark (mager)
Wasser
1EL Leinöl
15 g Schnittlauch
15 g Petersilie
Salz
Pfeffer

Die Kartoffeln werden geschält und in einem Topf mit Wasser und Salz für etwa 20 Minuten gargekocht. Den Quark mit Wasser, Leinöl vermischen und dann mit Pfeffer und Salz würzen. Dann den klein geschnittenen Schnittlauch und Petersilie über den Quark verstreuen. Zusammen mit den Kartoffeln servieren.

Frisches Zwiebelomelett

Zutaten:

3 Eier
2 Zwiebeln
50 g Vollkornbrot
1EL Rapsöl
Salz
Pfeffer
20 g Leinsamen
20 g Sesamsamen
10 ml Sojasauce

Die Eier aufschlagen und in ein Gefäß schütten und durchrühren, sodass sich Eiweiß und Eigelb verbinden. Nun schälen Sie die Zwiebeln und schneiden diese in kleine Stücke.

In eine Pfanne kommen nun Rapsöl und die Zwiebeln. Diese werden angedünstet. Dann bitte die Eiermasse dazu geben und für etwa 5 Minuten stocken lassen und regelmäßig wenden. Mit Pfeffer und Salz würzen. Dann das in kleine Würfel geschnittene Vollkornbrot, den Leinsamen und Sesamsamen dazu geben und mit der Sojasauce bestreuen.

Forelle Gemüsemix (für Gichtpatienten ungeeignet)

Zutaten:

Eine frische Forelle
Eine halbe Paprika
150 g Chinakohl
100 g Eisbergsalat
Eine Karotte
2 EL Olivenöl
1 EL Essig
50g Vollkornbrot
Pfeffer
Salz
Senf
1EL Meerrettich (Glas)

Die Forelle waschen, entgräten und klein schneiden. Den Chinakohl, Paprika und Eisbergsalat waschen und klein schneiden. Die Karotte waschen, schälen und klein hobeln. Das Brot in kleine Würfel schneiden. Nun geben Sie den Salat, die Paprika, die Karotte in eine Schüssel. In einer anderen Schüssel mischen das Dressing mit Öl, Essig, Wasser, Pfeffer Salz und Senf. Dann Salt und Gemüse mit dem Dressing vermischen. Nun verteilen Sie den Salat auf den Tellern und geben jeweils kleine Stückchen Fisch mit Meerrettich darüber.
Dann streuen Sie noch die kleinen Brotwürfel darüber.

Brokkolisalat

Zutaten:

100 g Blumenkohl
150 g Brokkoli
2 Karotten
Eine Paprika
Olivenöl
Salz
Pfeffer
1 Teelöffel Leinsamen
1 Teelöffel Hanfsamen
1 Teelöffel Sesam Samen
Essig
Senf

Den Blumenkohl mit den Brokkoli und den Karotten erst waschen, klein schneiden und leicht im Dampfgarer andünsten.
Die Paprika waschen in Scheiben schneiden.
In eine Schüssel, Öl, Essig, Wasser, Senf, Salz und Pfeffer geben und mischen.
Dann den Blumenkohl, Brokkoli, Karotten und Paprika in die Schüssel geben und erneut mischen. Nun streuen Sie den Sesamsamen, Leinsamen und Hanfsamen ein.
Anschließend servieren.

Forelle auf Vollkornbrot (für Gichtpatienten ungeeignet)

Zutaten:

Zwei Scheiben Vollkornbrot
120 g Forelle
Eine Zwiebel
1EL Rapsöl
1EL Zitronensaft
10 g Petersilie
10 g Schnittlauch
Salz
Pfeffer
1TL Meerrettich (Glas)

Jedes Brot wird mit Rapsöl bestrichen. Dann schälen Sie die Zwiebel, zerkleinern diese und geben die Stücke auf die Brote. Die Brote würzen Sie mit wenig Salz und Pfeffer und geben diese dann in den Backofen, wo sie bei 180 Grad für etwa 10 Minuten gebacken werden. Dann schneiden Sie die Forelle in kleinere Stücke und belegen damit die Brote. Nun kommen noch Zitronensaft, Schnittlauch, Meerrettich und Petersilie auf die Forelle.

Tomatensalat mit Paprika

Zutaten:

6 Tomaten
Eine Paprika
Olivenöl
Salz
Pfeffer
1 Teelöffel Leinsamen
1 Teelöffel Hanfsamen
1 Teelöffel Sesam Samen
Essig
Senf

Die Tomaten werden gewaschen und in kleine Scheiben geschnitten. Die Paprika ebenso waschen in Scheiben schneiden. In eine Schüssel, Öl, Essig, Wasser, Senf, Salz und Pfeffer geben und gut mischen. Dann kommen Tomaten und die Paprika in die Schüssel. Zum Schluss geben Sie Leinsamen, Hanfsamen und Sesamsamen dazu.

Gebackene Zucchini mit Lachs (für Gichtpatienten ungeeignet)

Zutaten:

2 Zucchini
150 g Vollkornbrot
200 g Lachs
1EL Zitronensaft
Salz
Pfeffer
15 g Schnittlauch
25 g geriebener Käse

Die Zucchini in zwei Hälften schneiden und mit dem Löffel ein Stück weit aushöhlen. Das Vollkornbrot schneiden Sie in kleine Stücke und erhitzen diese in der Heißluftfritteuse für etwa 10 Minuten bei 160 Grad. Wenn diese schön kross gebacken sind, geben sie die Stückchen in die Zucchinihälften und schieben diese bei 180 Grad für 15 Minuten in den Ofen zum Backen. Der Lachs wird währenddessen gewaschen, portioniert und mit Pfeffer und Salz gewürzt. Er kommt für etwa 20 Minuten in die Heißluftfritteuse. Nach ca. 10 Minuten streuen Sie den Käse über die Zucchinihälften. Sobald alles fertig ist, werden die Zucchinihälften noch mit dem Schnittlauch garniert. Der Zitronensaft wird über dem Lachs verteilt.

Linsensalat mit Tomaten

Zutaten:

120 g Linsen
6 Tomaten
Petersilie
2 Zwiebeln
Eine Hand voll Pistazien
Pfeffer
Salz
Kräuter
2 EL Olivenöl
1 EL Essig
Zitronensaft
25 g Geriebener Käse

Erst werden die Linsen für etwa 30 Minuten im Topf mit Salz gekocht. Dann die Zwiebeln schälen und klein schneiden.
Die geschälten Pistazien in einer kleinen Pfanne kurz anrösten und dann in eine Schüssel mit den klein geschnittenen Tomaten, den Linsen und der ebenfalls geschnittenen Petersilie geben.
In einer zusätzlichen Schüssel etwas Wasser mit Salz, Öl, wenig Essig, Zitronensaft und Pfeffer geben und gut mischen.
Dann über die Linsen verteilen noch einmal mit Pfeffer und Salz würzen. Anschließend den geriebenen Käse über das Gericht streuen und servieren.

Pilze Omelett

Zutaten:

30 g Zwiebeln
25 g Pilze
35 g Butter
2 Eier
Wasser
Salz Pfeffer
Petersilie

Zuerst schneiden Sie die Pilze und die Zwiebel klein und geben sie mit Butter in einer Pfanne zum Anbraten. Im zweiten Schritt geben Sie die Eier in eine Schale mit etwas Wasser und mischen diese gut durch. Mit ein wenig Salz und Pfeffer würzen. Erneut kommt Butter in eine Pfanne und sollte erhitzt werden. Geben Sie die Masse (Ei) rein. Erst gut erhitzen, dann herunterschalten und stocken lassen.
Wenn das Omelett fest wird, geben Sie die Pilze mit den Zwiebeln und der Petersilie darauf und klappen es um.

Feurige Gemüsepfanne

Zutaten:

150 g Paprika
250 g Karotten
200 g Chinakohl
100 g Brokkoli
100 g weiße Bohnen (Glas)
Eine Zwiebel
Eine Zehe Knoblauch
3 EL Rapsöl
Pfeffer
Salz
Chili

Paprika, Karotten, Chinakohl und Brokkoli waschen und zerteilen. Die Karotten und Paprika werden klein geschnitten.
Die Zwiebel bitte schälen und klein schneiden. Die Zehe Knoblauch ebenfalls schälen und klein schneiden.
Eine Pfanne mit etwas Rapsöl erhitzen, Zwiebel und Knoblauch in die Pfanne geben und andünsten. Dann folgen Paprika, Chinakohl, Karotten und weiße Bohnen. Alles bitte soweit garen, dass es bissfest bleibt. Danach noch mit Pfeffer, Salz und Chili nach Bedarf würzen.

Gemüsesalat

Zutaten:

200 g Kartoffeln
100 g Blumenkohl
100 g Chinakohl
70 g Paprika
100 g Karotten
2 Tomaten
Ein Naturjoghurt (10 % Fett)
Petersilie
Pfeffer
Essig
Senf
Salz
Olivenöl

Die Kartoffeln schälen und auf ein Backblech mit Backpapier geben. Den Blumenkohl, die Karotten und Paprika waschen und in kleine Stücke schneiden.
Die Kartoffeln nun mit Öl, Pfeffer und Salz einstreichen und bei 200 Grad im Ofen für 30 Minuten backen. Nach 17 Minuten den Ofen öffnen und das Gemüse auf das Backblech geben. Zuvor gut mit Pfeffer und Salz würzen.
Die Tomaten werden klein geschnitten. Nun geben Sie Öl, Essig, Wasser, Senf, Salz und Pfeffer in eine Schüssel und mischen gut durch. Auf einer Platte Kartoffel, Gemüse anrichten, Joghurt dazu geben und das Dressing darüber geben. Petersilie klein geschnitten einstreuen.

Spargelsalat mit Reis

Zutaten:

450 g weißer Spargel
200 g Reis (Vollkorn)
200 g Tomaten
Petersilie
1 El Essig
Salz
1,5 El Olivenöl
Zitronensaft
Eine Zehe Knoblauch
30 g Lauch
25 g Mandeln

Den Spargel waschen, schälen und auf ein Backblech (Backpapier) ausbreiten, mit Olivenöl bestreichen. Bei 180 Grad in den Ofen schieben und für 20 Minuten erhitzen.
Den Reis im Topf mit Wasser und Salz für etwa 15 Minuten garkochen. Die Mandeln werden in einer kleinen Pfanne geröstet.
Dann geben sie bitte Salz, Pfeffer, Öl, Wasser, Zitronensaft, die zerdrückte Zehe Knoblauch und den geschnittenen Lauch in eine Schüssel und mischen gut durch.
In einer weiteren Schüssel mischen Sie den Reis mit Tomaten, Spargel und geben das Dressing darüber. Zum Schluss streuen Sie die gerösteten Mandeln über den Salat und servieren ihn.

Ofenkartoffel mit Lachs (für Gichtpatienten ungeeignet)

Zutaten:

Vier Kartoffel
200 g Lachsfilets
20 g Sesamsamen
20 g Hanfsamen
3 EL Rapsöl
Pfeffer
Etwas Minze
Salz
1EL Zitronensaft

Die Kartoffel waschen, schälen und vierteln. Der Lachs wird gewaschen und in 50 g Stücke portioniert. Anschließend den Lachs mit Pfeffer und Salz würzen. Die Kartoffeln werden mit Rapsöl eingestrichen und mit Pfeffer und Salz gewürzt. Nun kommen diese zusammen mit dem Lachs auf ein Backblech (mit Backpapier). Den Backofen auf 200 Grad anheizen und das Blech hineinschieben. Nach etwa 35 Minuten mit einer Gabel prüfen, ob die Kartoffeln gar sind. Falls ja, auf einem Teller anrichten, Zitronensaft und etwas Minze über dem Lachs verteilen.

Blumenkohlauflauf

Zutaten:

200g Blumenkohl
300 g Kartoffeln
Rapsöl
Pfeffer
Muskat
50ml Milch
50 ml Sahne
20 g geriebener Käse
50 ml Gemüsebrühe

Kartoffeln und Blumenkohl in kleine Scheiben bzw. Stücke schneiden. Alles zusammen im Dampfgarer für 25 Minuten garen oder in Salzwasser im Topf auf dem Herd garen.

Kartoffeln und den Blumenkohl in eine mit Öl gefettete Form geben und mit Pfeffer und Muskat würzen.

In einem Topf nur wenig Mehl erhitzen, dann mit Gemüsebrühe und Sahne ablöschen. Nach etwa 8 Minuten die Sahne hinzugeben und den geriebenen Käse ausdauernd einrühren. Anschließend wird mit Salz und Pfeffer noch gewürzt.
Dann geben Sie die Sauce über den Auflauf und bestreuen ihn mit geriebenem Käse. Es folgt das Backen bei 200 Grad für 25 Minuten im Ofen.

Lachs mit Gemüse (für Gichtpatienten ungeeignet)

Zutaten:

200 g tiefgekühlter Lachs
200 g Reis (Vollkorn)
100 g Brokkoli
50 g Paprika
50 g Chinakohl
Pfeffer
Salz
Schnittlauch
Wasser
Kräuter

Der Reis wird im Topf mit etwas Salz für etwa 12 Minuten gekocht. Bevor der Lachs in die Heißluftfritteuse kommt, würzen Sie ihn mit Pfeffer und etwas Salz. Dann in der Fritteuse für 20 Minuten bei etwa 170 Grad garen lassen.
Das gewaschene Gemüse schneiden Sie nun klein und garen es bei kleiner Temperatur im Dampfgarer oder alternativ in der Mikrowelle mit etwas Wasser bei 600 Watt für 1,5 – 2 Minuten.
Reis und Gemüse wird dann gemischt und mit Pfeffer und Kräutern leicht gewürzt. Zuletzt streuen Sie noch Schnittlauch über den Gemüsereis und servieren ihn mit dem Lachs auf einem Teller.

Kartoffel mit Avocado

Zutaten:

2 Kartoffeln
Eine Avocado
Eine halbe Zwiebel
Eine Tomate
1 EL Leinöl
Zitronensaft
Pfeffer
Salz

Die Kartoffeln schälen, im Topf mit Wasser und Salz garkochen. Dann schneiden Sie die Avocado auf und schaben das Fruchtfleisch mit einem Löffel aus. Es kommt in den Mixer. Die Tomate bitte waschen und klein schneiden. Die Zwiebel schälen und klein schneiden. Die Hälfte davon kommt mit der Tomate und dem Leinöl in den Mixer. Mit etwas Zitronensaft gut vermischen. Die gar gekochten Kartoffeln werden dann klein aufgeschnitten und der Avocado Mix wird darüber gegeben.

Spargeltoast überbacken

Zutaten:

Ein kleines Glas mit Spargel
Zwei Scheiben Vollkornbrot
Senf
1 EL Rapsöl
Zwei Scheiben fettarmer Käse
Etwas Schnittlauch und Petersilie
1TL Zimt

Die Vollkornbrotscheiben bestreichen Sie mit Senf. Dann legen Sie den Spargel auf und platzieren jeweils eine kleine Scheiben Käse darauf. Jetzt kommt der Toast in den Backofen, welcher auf 170 Grad erhitzt wird. Nach etwa10 Minuten nehmen Sie den Toast heraus und streuen Schnittlauch und Petersilie darüber.

Grünes Gemüse mit Reis

Zutaten:

250 g Reis (Vollkorn)
100 g Brokkoli
50 g Zucchini
50 g Chinakohl
1 EL Sesamöl
1 EL Sojasauce
20 g Leinsamen
20 g Hanfsamen
Salz
Pfeffer

Den Reis kochen Sie im Topf mit reichlich Wasser und wenig Salz für etwa 15 Minuten. Das Gemüse wird erst gewaschen und dann zerteilt bzw. klein geschnitten. Es kommt für ca. 5 Minuten in den Dampfgarer bis es leicht angedünstet ist. Danach mit Pfeffer und Salz würzen.

Nun vermischen sie den Reis mit dem Gemüse und geben Sesamöl und die Sojasauce dazu. Wieder vermischen. Zum Schluss streuen Sie den Leinsamen und Hanfsamen über das Gericht.

Pfirsichtoast mit Käse

Zutaten:

Zwei Scheiben Vollkornbrot
1 Pfirsich
Senf
1 EL Rapsöl
Zwei Scheiben fettarmer Käse
Etwas Schnittlauch und Petersilie
1TL Zimt

Die Vollkornbrotscheiben bestreichen Sie mit Senf. Den Pfirsich bitte gut waschen und in kleine Scheiben schneiden.
Dann legen Sie die Pfirsichscheiben auf das Bot und platzieren jeweils eine kleine Scheiben Käse darauf. Jetzt kommt der Toast in den Backofen, der auf 170 Grad erhitzt wird. Nach etwa 10 Minuten nehmen Sie den Toast heraus und streuen Schnittlauch und Petersilie darüber.

Pikantes Gemüseomelett

Zutaten:

3 Eier
100 g Paprika
100 g Weißkohl
100 g Zucchini
Eine Zwiebel
Chili
Pfeffer
Salz
2 EL Rapsöl

Die Paprika, den Weißkohl und die Zucchini waschen und klein schneiden. Die Zwiebel bitte schälen und zerkleinern. Die Eier aufschlagen und in eine kleine Schüssel geben und gut mischen.
Dann geben Sie etwas Öl in eine bereits heiße Pfanne. Danach kommen die Zwiebeln hinein. Wenn diese angedünstet wurden, geben Sie das Gemüse dazu. Dann nach kurzer Zeit bitte die Eier dazu geben und stocken lassen. Anschließend kommen noch Chili (je nach Bedarf) hinzu. Mit Pfeffer und Salz nachwürzen und servieren.

Gemüse - Fruchtpfanne

Zutaten:

200 g Weißkohl
200 g Zucchini
150 g Paprika
Eine Zwiebel
Ein Apfel
Eine Birne
2 EL Rapsöl
½ EL Sojasauce
Pfeffer
Salz

Den Weißkohl, Zucchini und Paprika waschen und in kleine Stücke zerteilen. Die Zwiebel wird geschält und klein geschnitten. Apfel und Birne bitte waschen und kleinschneiden. Nun stellen Sie eine größere Pfanne auf den Herd und erhitzen diese. Dann geben Sie Öl in die Pfanne, dann die Zwiebel dazu geben und kurz andünsten lassen. Anschließend kommen Gemüse und Früchte hinzu. Diese werden kurz angebraten. Dann die Temperatur reduzieren und stocken lassen. Jetzt gießen Sie die Sojasauce über das Gericht und würzen noch mit Pfeffer und Salz.

Gebratene Bananen mit Reis

Zutaten:

250 g Reis (Vollkorn)
Vier Bananen
Ein Pfirsich
2 EL Rapsöl
½ EL Sojasauce
Pfeffer
Salz

Den Reis in einem Topf mit Wasser und Salz für etwa 15 Minuten garkochen. Die Bananen werden geschält und in einer Pfanne mit Öl angebraten. Immer wieder wenden und den Saft der Banane darüber gießen. Den Pfirsich waschen und klein schneiden und dann in die Panne geben. Kurz andünsten. Dann wird der Reis mit dem Inhalt der Pfanne gemischt. Anschließend mit Pfeffer und Salz würzen und die Sojasauce dazu geben.

Reissalat mit roter Beete

Zutaten:

220 g Reis (Vollkorn)
2 rote Beete
30 g getrocknete Heidelbeeren.
Olivenöl
Pfeffer
Salz
Senf
Petersilie
60g Fetakäse
Ein Esslöffel Sesamsamen
Essig (Balsamico)
Eine Zehe Knoblauch

Erst wird der Reis im Topf mit Salz und Wasser gargekocht.
Die rote Beete schälen, in kleine Scheiben schneiden und auf dem Backblech mit Olivenöl bestreichen, mit Salz und Pfeffer würzen und bei 180 Grad im Backofen 35 Minuten rösten.
Essig, Salz, Öl, etwas Wasser, Senf, zerdrückter Knoblauch in eine Schüssel geben und gut mischen.
Den Reis geben Sie nun mit den Heidelbeeren und der klein gehackten Petersilie in die Schüssel und mischen durch. Dann folgt die rote Beete. Der Fetakäse wird mit dem Sesamsamen darüber verteilt.

Reis mit Gemüse

Zutaten:

200g Paprika
200g Gurken
200g Karotten
150 g Erbsen
220 g Reis (Vollkorn)
150 ml Gemüsebrühe
Salz
Pfeffer

Das Gemüse wird erst gereinigt und dann in kleine Stücke geschnitten. Dann kochen Sie den Reis in einem Topf mit Salzwasser. Bitte nicht zu viel Salz verwenden. Paprika, Erbsen und Karotten kurz im Dampfgarer andünsten. Dann können Sie den Reis mit dem Gemüse mischen, mit Salz und Pfeffer würzen und in Tellern servieren.

Chinakohlsalat mit Mango

Zutaten:

Ein Chinakohl
6 Zehen Knoblauch
6 Schalotten
2 Chilischoten
1 EL Kokosöl
Eine reife Mango
25 g Mandeln
Schnittlauch
Eine Limone
2 TL Sojasauce
Limonensaft
130 g Kokosnussmilch

Chinakohl waschen und zerteilen oder in kleine Stücke schneiden. Die Mango klein schneiden.
Chilischoten in Scheiben schneiden. Schalotten in Scheiben schneiden. Den Knoblauch zerkleinern bzw. leicht zerdrücken.
In einer tiefen Pfanne die Chilischoten, Knoblauch und Schalotten für etwa 8 Minuten anbraten.
In einer Schüssel, Kokosnussmilch, Sojasauce, Schnittlauch und Limonensaft mischen.
Nun die Mango und den Chinakohl in eine Schüssel geben und das Dressing darüber verteilen. Dann Chili, die angebratenen Schalotten und Knoblauch in die Schüssel geben, leicht vermischen und die zerkleinerten Mandeln darüber geben.

Linsen mit Champignons

Zutaten:

350 g Linsen
25 g Steinpilze
220 g Weißkohl
200g Champignons
Olivenöl, Salz
Pfeffer
1 Karotte
1 Zwiebel
Essig
Thymian
40 g Tomaten
2 Zehen Knoblauch
Petersilie
50 ml Weißwein

Erst geben Sie die Steinpilze in eine Schüssel mit kochendem Wasser. Für etwa 25 Minuten stehen lassen. Danach die Pilze aus dem Wasser nehmen.
Linsen, zerteilte Karotte, geschnittene Zwiebel und Thymian in einen Topf geben und kochen lassen. Nach kurzer Zeit auf kleine Flamme stellen und 30 Minuten auf dem Herd lassen.
Danach Thymian entfernen und die Linsen in eine Schüssel geben.
Über die Linsen Öl und Essig verteilen.
Den geschnittenen Weißkohl für etwa Minuten 15 im Topf mit Salz kochen.
Nun die Pilze zusammen in einer Pfanne mit Öl anbraten.
Der zerdrückte Knoblauch und die Tomaten kommen auch in die Pfanne. Jetzt kommen der Weißwein und dann das Kochwasser der Pilze hinzu. Alles weiter kochen lassen.

Die angebratenen Pilze und den Weißkohl hinzugeben und immer wieder rühren.
Wenn ein großer Teil des Wassers verkocht ist, alles in die Schüssel mit den Linsen geben, mit Salz und Pfeffer würzen und Petersilie darüber geben.

Avocado mit Ei

Zutaten:

150 g Avocado
3 Eier
40 g Käsescheiben
40 g Speck
25 g Kokosfett
Pfeffer
Salz
Curry

Die Avocado schneiden Sie in Scheiben. Die Eier geben Sie in eine Schüssel, vermischen diese mit Pfeffer und Salz.
Den Speck schneiden Sie in kleine Stücke und geben diesen in eine Pfanne mit Kokosfett zum Braten. Die Eier kommen ebenfalls in die Pfanne und werden gebraten. Avocadoscheiben zusammen mit den Käsescheiben auf die Eimasse geben und bei geschlossener Pfanne garen. Anschließend mit Curry gut würzen und servieren.

Frischer Nudelsalat

Zutaten:

450 g Dinkel Nudeln
300 g Tomaten (Cherry)
80 g magerer Schinken
1 Zwiebel
130 g Käse (z.B. Mozzarella) nach Wahl
50 g geriebener Käse
Pfeffer
Salz
Schnittlauch
Senf
Essig
50g Rucola
Basilikumblätter

In einem großen Topf werden die Nudeln mit viel Wasser und wenig Salz bissfest gekocht.

Den Schinken in einer kleinen Pfanne mit Öl leicht anrösten (2-3 Minuten). Die Zwiebel schälen und zerkleinern. Die Tomaten werden gewaschen und geviertelt. Dann die Nudeln, Schinken, Tomaten die Zwiebel und den Käse samt Basilikumblätter und Rucola in eine Schüssel geben und mischen. Oliven plus Essig darüber geben, mit Salz und Pfefferwürzen und dann vermischen. Anschließend geriebenen Käse über den Salat streuen.

Aprikosentoast mit Käse

Zutaten:

Zwei Scheiben Vollkornbrot
3 Aprikosen
Senf
1 EL Rapsöl
Zwei Scheiben fettarmer Käse
Etwas Schnittlauch und Petersilie
1TL Zimt

Die Vollkornbrotscheiben bestreichen Sie mit Senf. Die Aprikosen bitte gut waschen und in kleine Scheiben schneiden.
Dann legen Sie die Aprikosenscheiben auf das Brot und platzieren jeweils eine kleine Scheiben Käse darauf. Jetzt kommen die Vollkornbrotscheiben in den Backofen, auf 170 Grad erhitzt wird. Nach etwa 10 Minuten nehmen Sie die Vollkornbrotscheiben heraus und streuen Schnittlauch und Petersilie darüber.

Suppen

Zwiebelsuppe

Zutaten:

5 Zwiebeln
200 g Lauch
20 g Schnittlauch
Ein Liter Gemüsebrühe
2 EL Rapsöl
Pfeffer
Salz

Die Zwiebeln schälen und klein schneiden. Dann in einer kleinen Pfanne mit etwas Öl andünsten. Nun kommt die Gemüsebrühe in einen Topf. Den Lauch waschen und klein schneiden. Die Zwiebeln und der Lauch kommen mit etwas Öl in den Topf. Alles wird zum Kochen gebracht und danach für etwa 40 Minuten erhitzt. Dann bitte den Schnittlauch dazu geben und mit Salz und Pfeffer nachwürzen.

Hühnersuppe

Zutaten:

Ein Hähnchen (Bio - Qualität)
Wasser
2 Zwiebeln
180 g Reis (Vollkorn)
3 Karotten
Eine Zehe Knoblauch
100g Erbsen
2 Zwiebeln
250 g Lauch
150g Sellerie
Eine Paprika
Pfeffer
Salz
Petersilie
Schnittlauch

Das Huhn gut waschen, trocknen mit Salz und Pfeffer würzen. Dann das Huhn, Knoblauch, die Zwiebel mit dem Reis in einen Topf geben und für etwa 30 Minuten garkochen. Das Fleisch vom Huhn großzügig abtrennen bzw. abschneiden und erneut in den Topf geben. Die Erbsen sowie der zerkleinerte Lauch und der geschnittene Sellerie werden jetzt in den Topf gegeben und für 12 Minuten gekocht. Dann folgen die Karotten. Je nach Bedarf noch einmal mit Salz und Pfeffer würzen. Schnittlauch und Petersilie in die Suppe geben und dann servieren.

Knoblauchsuppe mit Zwiebeln

Zutaten:

Eine Zwiebel
Eine Zehe Knoblauch
Zwei Karotten
300 ml Gemüsebrühe
400 ml Wasser
250 g Tomaten
1 EL Olivenöl
Pfeffer
Salz

Die Karotten waschen, schälen und klein schneiden. Ebenso die Zwiebel und die Zehe Knoblauch schälen und klein schneiden. Tomaten waschen und würfeln.
Zunächst erhitzt man Öl in einem Topf. Die Zwiebel, Knoblauch und Karotten werden für etwa 3 Minuten leicht angebraten.
Dann Wasser, Gemüsebrühe und Tomaten zusammen in den Topf geben und kochen lassen. Ca. 35 Minuten köcheln lassen und mit Pfeffer und Salz zum Schluss nachwürzen.

Gurkensuppe

Zutaten:

Eine Zwiebel
Eine Gurke
300 ml Gemüsebrühe
400 ml Wasser
250 g Tomaten
1 EL Olivenöl
Pfeffer
Salz

Die Zwiebel bitte schälen und klein schneiden. Dann waschen Sie die Gurke und schneiden diese in kleine Scheiben.
Die Tomaten bitte waschen und kleine schneiden.
Dann erhitzt man Öl in einem Topf. Die Zwiebeln werden für etwa 3 Minuten leicht gedünstet.
Dann Wasser, Gemüsebrühe und Tomaten zusammen in den Topf geben und kochen. Etwa 30 Minuten bei mittlerer Temperatur köcheln lassen und mit Pfeffer und Salz würzen.

Lauchsuppe

Zutaten:

250 g Lauch
Eine Zehe Knoblauch
20 g Schnittlauch
Ein Liter Gemüsebrühe
2 EL Rapsöl
Pfeffer
Salz

Den Lauch gut waschen und klein schneiden. Die Zehe Knoblauch schälen und mit einer Gabel zerdrücken. Alles zusammen kommt in einen Topf mit der Gemüsebrühe und muss für etwa eine halbe Stunde kochen. Dabei erst erhitzen und dann die Temperatur reduzieren. Dann geben Sie das Öl dazu und würzen mit Salz und Pfeffer.

Kohlsuppe mit Karotten

Zutaten:

250 g Weißkohl
150 g Rotkohl
Zwei Karotten
300 ml Gemüsebrühe
400 ml Wasser
250 g Tomaten
1 EL Olivenöl
Pfeffer
Salz

Den Weißkohl und Rotkohl waschen und klein schneiden. Die Karotten ebenfalls bitte waschen, schälen und klein schneiden.
Dann waschen Sie die Tomaten und zerkleinern diese. Alles zusammen kommt in einen Topf mit Gemüsebrühe und Wasser.
Kochen sie den Inhalt mindestens für eine Stunde. Dabei erst erhitzen und dann nach kurzer Zeit die Temperatur reduzieren.
Gegen Ende der Kochzeit Olivenöl dazu geben. Dann mit Salz und Pfeffer noch nachwürzen.

Brokkolisuppe mit Knoblauch

Zutaten:

250 g Brokkoli
100 g Blumenkohl
Eine Zehe Knoblauch
20 g Schnittlauch
Ein Liter Gemüsebrühe
2 EL Rapsöl
Petersilie
Pfeffer
Salz

Der Blumenkohl und der Brokkoli werden erst gut gewaschen und in Röschen zerteilt. Die Zehe Knoblauch schälen und klein schneiden. Einen Topf mit Gemüsebrühe erhitzen, dann den Brokkoli und Blumenkohl dazugeben. Nachdem der Inhalt etwa eine halbe Stunde gekocht wurde, geben Sie den Knoblauch, das Rapsöl und den Schnittlauch dazu. Danach noch einmal eine halbe Stunde köcheln lassen und mit Pfeffer und Salz würzen. Mit etwas Petersilie zum Schluss garnieren.

Energie Kartoffelsuppe

Zutaten:

6 Kartoffeln
2 Zwiebeln
300 g Lauch
Eine Zehe Knoblauch
20 g Schnittlauch
Ein Liter Gemüsebrühe
2 EL Rapsöl
Petersilie
Pfeffer
Salz

Die Kartoffeln bitte schälen, zerkleinern und in einem Topf mit Wasser kochen.
Währenddessen können Sie die Zwiebeln schälen und klein schneiden. Den Lauch waschen und klein schneiden. Den Knoblauch schälen und zerkleinern. Dann nehmen Sie die Kartoffeln vom Herd und zerstampfen diese zu einer breiigen Masse. Diese kommt mit der Gemüsebrühe in den Topf und wird gekocht. Geben Sie den Lauch, die Zwiebeln und den Knoblauch dazu und vermischen alles gut.

Dann noch Rapsöl und Schnittlauch dazu geben und für etwa eine Stunde köcheln lassen. Zum Schluss kommt noch die Petersilie hinzu. Mit Pfeffer und Salz würzen und servieren. Diese Suppe weckt die Lebensgeister in Ihnen. Sie kann an den nächsten Tagen auch noch konsumiert werden, wenn sie gekühlt aufbewahrt wird.

Zwischendurch mal etwas anderes

Himbeere Quark

Zutaten:

120 g Himbeeren
120 g Quark (mager)
etwas Wasser
2TL Joghurt
Zitronensaft
Minze

Die Himbeeren erst gut waschen. Dann den Quark mit Wasser und Joghurt vermischen. Anschließend etwas Zitronensaft und die Himbeeren in die Masse geben und noch einmal mischen. Dann mit Minze garnieren und servieren.

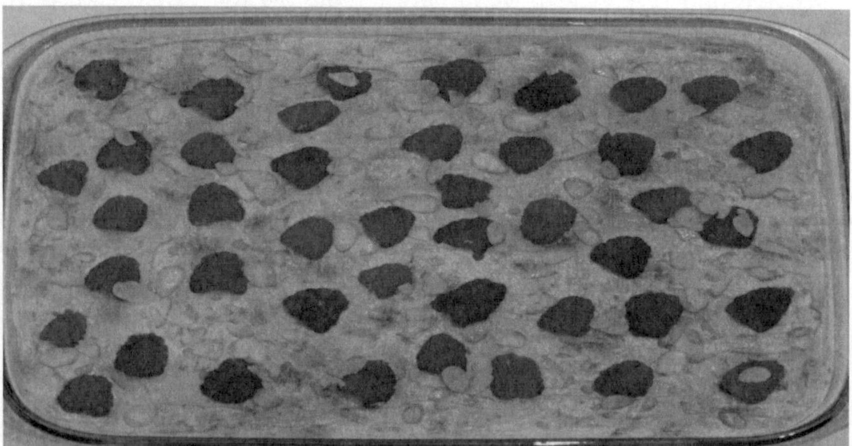

Orientalische Fruchtcreme

Zutaten:

Eine Mango
Eine kleine Honigmelone
10 g Ingwer
1 TL Zimt
1 TL Curry
40 g Quark (mager)
100 g Naturjoghurt

Die Mango und die Honigmelone aufschneiden und mit einem Löffel das Fruchtfleisch in eine Schüssel geben. Den Quark plus Joghurt dazu geben und pürieren. Dann den Ingwer klein schneiden und auch dazu geben. Zimt und Curry einstreuen und dann noch einmal pürieren.

Pfirsich - Aprikosen - Quark

Zutaten:

Ein Pfirsich (süß)
Eine reife Aprikose
120 g Quark (mager)
etwas Wasser
2TL Joghurt
Zitronensaft
Minze

Die Aprikose und den Pfirsich erst gut waschen und klein schneiden. Dann den Quark mit Wasser und Joghurt vermischen. Anschließend etwas Zitronensaft und den Pfirsich plus Aprikose in die Masse geben und noch einmal mischen. Dann mit Minze garnieren und servieren.

Avocadocreme mit Birne

Zutaten:

Eine Avocado
Zwei Birnen
1EL Zitronensaft
50 g Quark (mager)
100 g Naturjoghurt
etwas Wasser
1 TL Zimt

Die Avocado aufschneiden, das Fruchtfleisch mit einem Löffel ausschälen und in eine Schüssel geben. Die Birnen werden gewaschen und in kleine Stücke geschnitten. Dann den Quark und das Joghurt dazu geben und mit etwas Wasser vermischen bzw. pürieren. Die Birnen nun in die Schüssel gegen und noch einmal pürieren. Zuletzt den Zitronensaft und Zimt einstreuen und erneut vermischen.

Obstsalat mit Nuss

Zutaten:

Eine Orange
Ein Apfel
Eine Nektarine
Ein Pfirsich
1EL Zitronensaft
1 EL Leinöl
½ TL Zimt
25 g Cashewkerne
20 g Mandeln

Die Orange schälen, klein schneiden und entkernen. Den Apfel, die Nektarine und den Pfirsich waschen und klein schneiden. Alles zusammen kommt in eine Schüssel. Dann geben Sie den Zitronensaft, das Leinöl plus Zimt dazu und mischen gut durch.
Anschließend rösten Sie die zerkleinerten Nüsse in einer kleinen Pfanne kurz an und geben diese dann in den Obstsalat.

Putenfilets mit Reis

Zutaten:

400 g Putenbrustfilet
400 g Reis (Vollkorn)
Eine Zwiebel
3 Lauchzwiebeln
Curry
100 g Schlagsahne
150 g Gemüsebrühe
Salz
Pfeffer
Etwas Mehl

Das Filet waschen, trocknen, in kleine Stücke schneiden und mit Salz und Pfeffer würzen. Mit etwas Öl in der Pfanne anbraten und wieder herausnehmen.
Dann scheiden Sie die zuvor gewaschenen Zwiebeln klein. Die Lauchzwiebeln können in Ringe geschnitten werden. Diese werden zusammen in der Pfanne mit Öl kurz angebraten.
Nun kommen ein wenig Mehl und das Currypulver hinzu. Beides sollte unter ausdauerndem Rühren kurz angebraten werden.
Dann geben sie die Sahne plus Gemüsebrühe hinein. Alles wird mit dem Putenfleisch gekocht und mit Salz und Pfeffer gewürzt.
Der Reis wird im Topf parallel für ca. 12 Minuten gargekocht.
Anschließend kann das Gericht serviert werden.

Bunter Bohnensalat

Zutaten:

Eine Dose Bio Bohnen gemischt (350 g)
Eine Gurke
200 g Tomaten (Cherry)
Eine Zehe Knoblauch
Eine Zwiebel
Petersilie
Salz
Pfeffer
Minze
2 EL Olivenöl
Zitronensaft

Die Gurken und Tomaten werden gewaschen und klein geschnitten. Sie kommen mit den Bohnen in eine Schüssel.
Die Zwiebel wird geschält und zerkleinert. Die Knoblauchzehe einfach zerdrücken und auch samt der Zwiebel in die Schüssel geben. Dann kommen noch Petersilie und Minze in die Schüssel.
In einer weiteren Schüssel werden Olivenöl, Zitronensaft, Pfeffer und Salz vermischt. Nun gibt man das Dressing über den Bohnensalat und mischt noch einmal durch.

Reis - Gemüsemix

Zutaten:

300g Reis (Vollkorn)
Eine Zwiebel
200 g Brokkoli
50 g Erbsen
50 g Chinakohl
2 Zehen Knoblauch
1,5 Esslöffel Tomatenmark
Curry
1 Esslöffel Ingwer
Sojasauce
Pfeffer
Salz
Rapsöl

Den Reis im Topf mit Salz und Wasser für etwa 15 Minuten garkochen. Brokkoli, Erbsen, Chinakohl waschen und zerteilen. In einer tiefen Pfanne Öl erhitzen, die zerkleinerte Zwiebel, Knoblauch und Ingwer dazu geben und etwa 5 Minuten anbraten.
Jetzt Curry, Ingwer und Tomatenmark hinzugeben und für zwei Minuten kochen. Dabei bitte stets umrühren, damit nichts anbrennt.
Nun den Reis dazu geben und für 10 Minuten kochen.
Danach geben Sie die Sojasauce dazu und mischen alles gut durch. Dann wird der Chinakohl, der Brokkoli und die Erbsen dazu gegeben und bei abgedeckter Pfanne für 5 Minuten gegart. Bei Bedarf noch mit Pfeffer nachwürzen.

Smoothies – Dessert

Trotz gesunder Lebensweise und Ernährung muss niemand auf leckere Desserts verzichten. Erwarten Sie aber keine gezuckerten Varianten. Solche Empfehlungen werden Sie hier nicht finden. Vielmehr geht es darum dem Gaumen mithilfe frischer Zutaten und Gewürze Befriedigung zu verschaffen. Das funktioniert gut mit Gemüse und Obst in allen Variationen. Die Rezepte eignen sich auch für kleine Zwischenmahlzeiten, oder wenn es wirklich schnell gehen muss. Eine gesunde Ernährung bedeutet nicht Verzicht, sondern eher Bereicherung im Speiseplan.

Karottendrink

Zutaten:

1 Mandarine
200 ml Mineralwasser
150 ml Karottensaft
1 Bund Kapuzinerkresse

Die Kapuzinerkresse waschen und gut zerkleinern. Die Mandarine wird in zwei Hälften geschnitten. Dann den Saft in ein Glas auspressen. Den Karottensaft sowie die Kresse hinzugeben und alles in den Mixer geben.

Spinatcocktail

Zutaten:

200 ml Spinatsaft
Eine Orange
1TL Zimt

Die Orange wird geschält, entkernt und in kleine Stücke geschnitten. Mit dem Spinatsaft kommt die Orange und der Zimt in den Mixer. Anschließend noch mit Eiswürfel ergänzen.

Bananen Smoothie mit Beeren

Zutaten:

Eine Banane
30 g Himbeeren
30 g Heidelbeeren
200 ml Mineralwasser
1 TL Rapsöl

Die Banane bitte schälen und klein schneiden. Die Beeren waschen und zusammen mit dem Rapsöl in den Mixer geben. Dann alles gut vermischen.

Aprikosendrink

Zutaten:

Eine Aprikose
200 ml Mineralwasser
50 g Chinakohl
1 TL Zimt
½ TL Curry

Die Aprikose waschen und zerteilen. Den Chinakohl waschen, in kleine Stücke schneiden. Alles zusammen mit Mineralwasser, Zimt und Curry in den mixen geben und gut vermischen.

Pfirsich - Birne Smoothie

Zutaten:

Fin Pfirsich
Eine Birne
200 ml Mineralwasser
1TL Zimt
1TL Curry

Den Pfirsich und die Birne waschen und in kleine Stücke schneiden. Dann geben Sie die Fruchtstücke, das Mineralwasser in den Mixer zum Vermischen. Anschließend kommen noch Zimt und Curry hinzu. Noch einmal kurz mischen und dann servieren. Sollte der Mix zu zähflüssig sein mit etwas Mineralwasser nachgießen.

Spinatsmoothie

Zutaten:

Eine Limette
50g Spinat
10 g Schnittlauch
200 ml Mineralwasser
Eine Minze

Erst wird der Spinat gewaschen und klein geschnitten. Dann schälen Sie die Limette, entfernen möglichst alle weißen Bestandteile der Schale und schneiden sie ebenfalls klein. Schnittlauch waschen und auch bitte klein schneiden.
Alles zusammen in den Mixer geben und gut vermischen. Zum Schluss den Smoothie noch mit Minze garnieren.

Dark Green Smoothie

Zutaten:

50 g Feldsalat
50 g Kopfsalat
50 g Krautsalat
Eine Tomate
100 g Gurke
200 ml Mineralwasser
1TL Zimt
1 TL Rapsöl
1TL Curry

Den Salat waschen und klein schneiden. Die Tomate ebenfalls waschen und klein schneiden. Die Gurke wird auch gewaschen und in Scheiben geschnitten. Dann bitte alles zusammen in den Mixer geben. Mineralwasser zugießen, dann Zimt, Öl und den Curry dazu geben und vermischen.

Salatsmoothie mit Zitrone und Orange

Zutaten:

50 g Kopfsalat
50 g Eisbergsalat
50 g Feldsalat
Eine halbe Zitrone
Eine Orange (süß)
250 ml Mineralwasser
Eine Minze

Hier haben wir eine etwas „härtere" Variante eines Gemüse - Frucht - Smoothies. Den Salat gut waschen und zerkleinern. Die Zitrone bitte in zwei Hälften schneiden und eine Hälfte über dem Mixer auspressen. Die Orange schälen, entkernen und klein schneiden. Alles kommt mit dem Mineralwasser in den Mixer und wird gut vermischt. Das Ergebnis wird noch mit Minze nach Bedarf garniert.

Gurkensmoothie

Zutaten:

Ein Apfel (süß)
Eine halbe Gurke
30 g Kopfsalat
Zwei Scheiben Ingwer
200 ml Mineralwasser
1 TL Rapsöl

Den Apfel waschen und zerkleinern. Die Gurke wird gewaschen und in Scheiben geschnitten. Der Kopfsalat wird ebenfalls gewaschen und zerkleinert. Nun schälen Sie den Ingwer und schneiden zwei Scheiben von einer frischen Knolle ab.
Alles zusammen mit dem Rapsöl und dem Wasser kommt in den Mixer und wird gut vermischt.

Himbeersmoothie

Zutaten:

40 g Himbeeren
Eine Aprikose
20 g Kopfsalat
200 ml Mineralwasser
Eine Minze
1 TL Rapsöl

Waschen Sie die Himbeeren und die Aprikose. Diese wird entkernt und klein geschnitten. Der Kopfsalat wird auch gewaschen und zerkleinert. Nun geben Sie alles in den Mixer und schütten das Öl hinein. Dann gut vermischen und mit der Minze garnieren.

Erdbeersmoothie

Zutaten:

8 Erdbeeren
Ein Apfel
50 g Eisbergsalat
200 ml Mineralwasser
1 TL Sesamöl

Den Apfel waschen und klein schneiden. Die Erdbeeren werden natürlich auch gewaschen und gründlich gereinigt. Ebenso gilt dies für den Salat, der zerkleinert wird. Alles in den Mixer geben und vermischen.

Bananencreme - Smoothie

Zutaten:

Eine Banane
Eine Birne
80 ml Sojamilch
20 ml Sahne (fett)
100 ml Mineralwasser
1 TL Rapsöl
1TL Zimt

Die Banane schälen und klein schneiden. Die reife Birne waschen und klein schneiden. Die Sojamilch, Zimt, Rapsöl und die Sahne mit dem Wasser in den Mixer geben. Dann noch die Banane und die Birne dazu geben und gut vermischen.

Dunkler Schokosmoothie

Zutaten:

30 g dunkle Schokolade (mindestens 70 % Kakaoanteil)
Eine Banane
100 ml Sojamilch
20 ml Sahne
100 ml Mineralwasser
1TL Zimt
1TL Rapsöl

Die Schokolade bitte zerhacken. Die Banane schälen und klein schneiden, dann zusammen mit der Schokolade, der Sojamilch und der Sahne in den Mixer geben. Mineralwasser, Zimt und Rapsöl dazu geben und gut vermischen.

Green India Smoothie

Zutaten:

50 g Kopfsalat
50 g Chinakohl
50 g Eisbergsalat
Eine Tomate
100 g Gurke
200 ml Mineralwasser
1TL Zimt
1 TL Rapsöl
1TL Curry

Den Salat waschen und klein schneiden. Die Tomate ebenfalls waschen und klein schneiden. Die Gurke wird auch gewaschen und in Scheiben geschnitten. Dann bitte alles zusammen in den Mixer geben. Mineralwasser zugießen, dann Zimt, Öl und den Curry dazu geben und vermischen.

Zucchini Smoothie

Zutaten:

Ein Apfel (süß)
Ein halber Zucchini
30 g Kopfsalat
Zwei Scheiben Ingwer
200 ml Mineralwasser
1 TL Rapsöl

Den Apfel waschen und zerkleinern. Die Zucchini wird gewaschen und in Scheiben geschnitten. Der Kopfsalat wird ebenfalls gewaschen und zerkleinert. Nun schälen Sie den Ingwer und schneiden zwei Scheiben von einer frischen Knolle ab. Alles zusammen mit dem Rapsöl und dem Wasser kommt in den Mixer und wird gut vermischt.

Apfel Smoothie

Zutaten:

Ein Apfel
Eine halbe Gurke
Ein wenig Petersilie
Ein kleines Stück Ingwer
20 ml Zitronensaft
1TL Leinöl
Wasser

Den gewaschenen Apfel, die Gurke und die Petersilie in kleine Stücke schneiden und mit dem Leinöl, dem geschälten klein gehackten Ingwer dem Zitronensaft und Wasser in den Mixer geben und gut mischen.

Nektarinen Kiwi Quark

Zutaten:

130 g Nektarinen
80 g Kiwi
120 g Quark (mager)
etwas Wasser
2TL Joghurt
Zitronensaft
20 g Sesamsamen

Die Nektarine und die Kiwi sollten gewaschen werden. Dann schneiden Sie die Nektarine in kleine Stücke. Die Kiwi bitte schälen und ebenfalls in kleine Stücke schneiden. Dann den Quark mit Wasser und Joghurt vermischen. Anschließend etwas Zitronensaft und die Nektarine plus Kiwi in die Masse geben und noch einmal mischen. Dann mit Sesamsamen bestreuen und servieren.

Pfirsich Trauben Smoothie

Zutaten:

240 g Pfirsiche
6 rote Weintrauben ohne Kerne
Eine halbe Nektarine
150 ml Mineralwasser
Minze
1 TL Rapsöl
1TL Zitronensaft

Die Pfirsiche gut waschen und in kleine Stücke schneiden.
Die Weintrauben ebenfalls waschen. Die Nektarine auch gut waschen und aufschneiden. Alles zusammen kommt mit dem Mineralwasser in den Mixer. Geben Sie noch das Öl und den Zitronensaft dazu. Dann vermischen. Zum Schluss garnieren Sie noch mit Minze.

Melonen Smoothie mit Apfel

Zutaten:

200 g Wassermelone
Ein Apfel
150 ml Mineralwasser
Minze
1 TL Rapsöl
1TL Zitronensaft
1 TL Zimt

Die Wassermelone klein schneiden und Kerne entfernen. Der Apfel wird gewaschen und in kleine Stücke geschnitten. Dann alles zusammen mit dem Öl, Wasser, Zitronensaft und Zimt in den Mixer geben und vermischen. Die Minze dient zum Garnieren.

Feuer Smoothie

Zutaten:

200 g Galia Melone
Eine Birne
150 ml Mineralwasser
Minze
1 TL Rapsöl
1TL Zitronensaft
1 TL Zimt
¼ TL Cayenne Pfeffer

Durch den Cayenne Pfeffer wird dieser Smoothie scharf. Er eignet sich also nur für Personen, die generell mit Schärfe kein Problem haben. Wer vorsichtig sein möchte, reduziert die Menge des Pfeffers entsprechend.

Die Melone hälftig aufschneiden und mit dem Löffel das Fruchtfleisch (nicht die Kerne) ausschälen. Die Birne wird gewaschen und klein geschnitten. Dann bitte die Birne und Melone plus Mineralwasser Rapsöl und Zitronensaft in den Mixer geben und vermischen. Nun kommen noch Zimt und der Cayenne Pfeffer dazu. Noch einmal kurz vermischen.

Honigmelonen Smoothie

Zutaten:

200 g Honigmelone
Eine Birne
150 ml Mineralwasser
Minze
1 TL Rapsöl
1TL Zitronensaft
1 TL Zimt

Schneiden Sie die Honigmelone auf und schälen sie das Fruchtfleisch ohne Kerne heraus. Die Birne bitte waschen und klein schneiden. Alles zusammen kommt mit dem Rapsöl, Wasser, Zitronensaft und Zimt in den Mixer. Dann gut vermischen. Zum Schluss mit Minze garnieren und servieren.

Melonen Smoothie mit Weintrauben

Zutaten:

240 g Wassermelone
5 Weintrauben ohne Kerne
Eine halbe Nektarine
150 ml Mineralwasser
Minze
1 TL Rapsöl
1TL Zitronensaft

Die Wassermelone bitte aufschneiden und das Fruchtfleisch ausschälen. Die Weintrauben gut waschen. Die Nektarine ebenfalls gut waschen und aufschneiden. Alles zusammen kommt mit dem Mineralwasser in den Mixer. Geben Sie noch das Öl und den Zitronensaft dazu. Dann vermischen. Zum Schluss garnieren Sie noch mit Minze.

Pfirsich Birne Quark

Zutaten:

100 g Pfirsich
100 g Birne
120 g Quark (mager)
etwas Wasser
2TL Joghurt
Zitronensaft
20 g Sesamsamen

Der Pfirsich und die Birne müssen gut gewaschen werden. Dann bitte entkernen und zerteilen. Danach den Quark mit Wasser und Joghurt vermischen. Anschließend etwas Zitronensaft, den Pfirsich und die Birne in die Masse geben und noch einmal mischen. Dann mit Sesamsamen bestreuen und servieren.

Mango Creme

Zutaten:

50 g Quark
30 ml Sahne
Eine halbe Mango
1 EL Olivenöl

Die Mango wird zuerst geschält, entkernt und zerkleinert. Dann die Mango, den Quark, die Sahne und das Olivenöl in den Mixer geben und gut mischen.

Joghurt pikant

Zutaten:

Ein Naturjoghurt
1TL Leinöl
1/2 TL Curry
Eine Scheibe Ingwer (frisch)
1TL Zimt
Stevia

Den Ingwer schälen und eine kleine Scheibe abschneiden. Diese klein hacken und in den Joghurt geben. Dann folgen Curry, Leinöl und Zimt. Gut vermischen. Je nach Bedarf mit wenig Stevia süßer gestalten.

Milder Obstsalat

Zutaten:

Eine Banane
Eine Nektarine
Ein Pfirsich
1EL Zitronensaft
1 EL Leinöl
½ TL Zimt
25 g Cashewkerne

Erst schälen und zerteilen Sie die Banane. Dann werden die Nektarine sowie der Pfirsich gewaschen und klein geschnitten. Geben Sie alles zusammen in eine Schüssel. Dann folgen der Zitronensaft und das Leinöl. Bitte gut vermischen und noch Zimt dazu geben. Die Cashewkerne darüber streuen und servieren.

Bananen Mix mit Joghurt

Zutaten:

Zwei kleine Bananen
200 g Joghurt (1,5%)
1 EL Limettensaft
1 EL Leinöl
½ TL Zimt

Erst werden die Bananen geschält und in Scheiben klein geschnitten. Dann mischen Sie das Leinöl in den Joghurt und geben es über die Bananenscheiben. Anschließend streuen sie Zimt darüber.

Heidelbeeren Quark

Zutaten:

150 g Heidelbeeren
120 g Quark (mager)
etwas Wasser
2TL Joghurt
Zitronensaft
20 g Sesamsamen

Die Heidelbeeren müssen gut gewaschen werden. Dann den Quark mit Wasser und Joghurt vermischen. Anschließend etwas Zitronensaft und die Heidelbeeren in die Masse geben und noch einmal mischen. Dann mit Sesamsamen bestreuen und servieren.

Nektarinen Creme

Zutaten:

70 g Quark (mager)
30 ml Sahne
Eine Nektarine
1 EL Olivenöl
20 g Hanfsamen

Die Nektarine wird zuerst gewaschen, entkernt und zerkleinert. Dann die Nektarine, den Quark, die Sahne und das Olivenöl in den Mixer geben und gut mischen. Den Hanfsamen dann über die Creme streuen.

Apfel - Birnenmix

Zutaten:

1 Apfel
1 große Birne
25 g Mandeln
200 g Joghurt (1,5%)
1 EL Leinöl
½ TL Zimt

Den Apfel und die Birne bitte waschen und klein schneiden. Die Mandeln werden zerhackt. Nun geben Sie alles in eine Schüssel und rühren den Jogurt mit dem Leinöl unter. Dann noch Zimt darüber streuen und servieren.

Bananenshake

Zutaten:

2 kleine Bananen
400 ml Milch (1,5 % Fett)
1 TL Leinöl
1 TL Zimt
1/2 TL Curry
20 g Leinsamen
10 g Hanfsamen

Zuerst schälen Sie die Bananen. Dann schütten Sie die Milch zusammen mit den Bananen in den Mixer und mischen gut durch. Es folgen Zimt Curry, Leinsamen und Hanfsamen. Noch einmal kurz vermischen.

Erdbeerquark

Zutaten:

150 g Erdbeeren
120 g Quark (mager)
etwas Wasser
2TL Joghurt
Zitronensaft
Minze

Die Erdbeeren müssen gut gewaschen werden. Dann den Quark mit Wasser und Joghurt vermischen. Anschließend etwas Zitronensaft und die Erdbeeren in die Masse geben und noch einmal mischen. Dann mit Minze garnieren und servieren.

Brombeerquark

Zutaten:

150 g Brombeeren
120 g Quark (mager)
etwas Wasser
2TL Joghurt
Zitronensaft
20 g Sesamsamen

Die Brombeeren müssen gut gewaschen werden. Dann den Quark mit Wasser und Joghurt vermischen. Anschließend etwas Zitronensaft und die Brombeeren in die Masse geben und noch einmal mischen. Dann mit Sesamsamen bestreuen und servieren.

Himbeer - Melonencreme

Zutaten:

70 g Quark (mager)
30 ml Sahne
100g Himbeeren
150 g Wassermelone
1 EL Olivenöl
20 g Hanfsamen

Die Himbeeren werden zuerst gewaschen und zerkleinert. Die Melone schneiden Sie auf und schälen das Fruchtfleisch mit dem Löffeln heraus.
Dann die Himbeeren, Melone, den Quark, die Sahne und das Olivenöl in den Mixer geben und gut mischen. Den Hanfsamen dann über die Creme streuen.

Nahrungsergänzung

Wer zusätzlich zur idealen Ernährung noch etwas tun möchte, kann bei bereits vorgeschädigten Gelenken Nahrungsergänzung zu sich nehmen. Gute Resultate erzielen Konsumenten von Glucosamin und Chondroitin, weil diese Stoffe die Produktion von Kollagen fördern. Innerhalb des Knorpelgewebes müssen genügend Struktureiweiße vorhanden sein.
Glucosamin (1,5 g pro Tag) und Chondroitin (0,8 g pro Tag) müssen in ausreichender Dosierung vorliegen, um positive Effekte auf den Knorpel zu ermöglichen. Es nützt also nichts, irgendwelche Mittel zu nehmen, welche völlig unterdosiert sind.

Auch die Einnahme von Omega 3 - Fettsäuren kann empfehlenswert sein, wenn man Leinöl oder Rapsöl nicht mag, oder nur wenig davon zu sich nehmen kann. Diese Fettsäuren sind ein entscheidender Faktor bei der Bekämpfung von Entzündungen im Körper. Falls sie zu wenig erhalten, ist eine Ergänzung der Nahrung mit geeigneten Präparaten auf jeden Fall sinnvoll.